U0603529

AIGC
传播概论与实务

赵芮◎著

AIGC COMMUNICATION INTRODUCTION
AND PRACTICE

ZHEJIANG UNIVERSITY PRESS
浙江大学出版社
·杭州·

浙江树人学院专著出版基金资助；

浙江树人学院部校共建办公室资助；

系浙江省哲社课题：大数据驱动高校意识形态治理现代化
的内在逻辑与实践方略研究（23NDJC257YB）的成果；

系浙江省哲学社会科学十五届党代会专项课题的成果。

图书在版编目（CIP）数据

AIGC 传播概论与实务 / 赵芮著. -- 杭州：浙江大
学出版社，2024.6. -- ISBN 978-7-308-25227-0

Ⅰ. G206-39

中国国家版本馆 CIP 数据核字第 20245Z2X33 号

AIGC 传播概论与实务

赵芮 著

责任编辑	许艺涛
责任校对	张凌静
封面设计	雷建军
出版发行	浙江大学出版社
	（杭州市天目山路 148 号　邮政编码 310007）
	（网址：http://www.zjupress.com）
排　　版	杭州星云光电图文制作有限公司
印　　刷	广东虎彩云印刷有限公司绍兴分公司
开　　本	710mm×1000mm　1/16
印　　张	13.25
字　　数	175 千
版 印 次	2024 年 6 月第 1 版　2024 年 6 月第 1 次印刷
书　　号	ISBN 978-7-308-25227-0
定　　价	68.00 元

序

　　赵芮女士的《AIGC 传播概论与实务》，可谓应时之作，为广大渴望了解 AI 基础知识和发展概况的读者提供了一本深入浅出、内容丰富的参考书；同时也从传播学的角度，为非专业人士提供了跨学科研究的入门知识和指南。

　　近年来，AI（Artificial Intelligence，人工智能），作为研究、开发用于模拟、延伸和扩展人的智能的理论、方法、技术及应用系统的一门新科技，风靡一时，被公认为新一轮科技革命和产业变革的重要驱动力量。而 AIGC（Artificial Intelligence Generated Content，生成式人工智能），则是人工智能 1.0 时代进入 2.0 时代的重要标志，从生成文字（ChatGPT，全名：Chat Generative Pre-trained Transformer，是 OpenAI 研发的一款聊天机器人程序，于 2022 年 11 月 30 日发布。ChatGPT 是人工智能技术驱动的自然语言处理工具，它能够基于在预训练阶段所见的模式和统计规律，自主生成回答，还能根据聊天的上下文进行互动，真正像人类一样来聊天交流，甚至能完成撰写论文、邮件、脚本、文案、翻译、代码等任务）到生成图像和影视（Sora：在日语中是"天空"（そら）的意思，引申含义还有"自由"，象征着其无限的创造潜力），人工智能的生成功能开始介入人类的日常工作和生活。

　　人工智能是智能学科重要的组成部分，它企图了解智能的实质，并生产出一种新的能与人类智能相似的方式做出反应的智能机器。人工智能是十分广泛的科学，包括机器人、语言识别、图像识别、自然语言处理、专家系统、机器学习、计算机视觉等。

随着 ChatGPT 的横空出世，将人类社会正式带入了 AIGC 时代。从计算智能、感知智能再到认知智能的进阶发展来看，AIGC 已经为人类社会打开了认知智能的大门。通过单个大规模数据的学习训练，令 AI 具备了多个不同领域的知识，只需要对模型进行适当的调整修正，就能完成真实场景的任务。AIGC 对于人类社会、人工智能的意义是里程碑式的。短期来看 AIGC 改变了生产力，中期来看会改变社会的生产关系，长期来看促使整个社会生产力发生质的变化，AIGC 把社会生产要素及生产关系所形成的新数据提到时代核心资源的位置，在一定程度上加快了整个社会的数字化转型进程。

回顾 AI 发展的历史，一般认为 1956 年 8 月，美国达特茅斯学院的会议被认为是 AI 的起点。当时麦卡锡（语言创始人）、闵斯基（人工智能与认知学专家）、香农（信息论创始人）、纽厄尔（计算机科学家）和西蒙（诺贝尔经济学奖得主）等五位科学家聚在一起，讨论用机器来模仿人类学习以及其他方面的智能等问题，并首次提出了"人工智能"这个概念。"让机器来模仿人类学习以及其他方面的智能"也成了人工智能要实现的根本目标。本人有幸在达特茅斯学院任教五年，深知这所常春藤大学学养之深厚。特别从计算机科学的角度看，它无愧是普及计算机教育的策源地，最早的软件语言 BASIC 就诞生于此。而人工智能正是基于计算机硬件和软件的开发利用，实质上就是计算机的智能化。因此人工智能的五位奠基人齐聚达特茅斯，在这里创造出人工智能的伟大思想，绝不是偶然的。

本书作者赵芮女士对新事物有着高度的职业敏感，认真钻研 AIGC。作为新闻传播的行家里手，她特别着眼于人类社会生活息息相关的万物，包括文本、图片、视频、音频、代码、方案、画作等均可以通过人工智能技术进行生成与传播。这种新的内容生成方式的变化，必然带来新的传播模式与产业形态,从而对传媒业产生长远而深刻的影响。基于此,本书以 AIGC 开启智能传播新时代为背景,重点探讨了 AIGC 的技术基础、内容生产模式、市场现状及应用场景、AIGC 赋能智慧传播的形式与典型应用等内容,以增加非人工智能相关专业背景人群对于生成式人工智能的了解与应用。

当前,以生成式人工智能为前沿的人工智能技术正成为驱动新一轮传媒产业变革的关键力量。国内关于 AIGC 的相关出版物主要是基于技术及商业应用的视角来进行编写,很少从传播视角关注和思考 AIGC 传播的演进历程、发展规律、应用特点等。同时人工智能相关的研究也主要是由人工智能、计算机专业背景的学者从专业技术的角度进行研究的,很少采用跨学科的视角来观察思考技术的变革与应用。本书尝试脱离传统的技术叙事逻辑,从传播的视角介入,既注重加强对非专业人士在技术认知方面的引导,也注重从应用领域结合前沿具体应用场景、案例,帮助普通读者了解人工智能这一前沿技术的发展与应用。最后,该专著也可以作为文科专业学生拓展人工智能专业认知的科普读物和辅助教材。简而言之,本书具有较强的前沿性、交叉性、应用性等特点,非常适于作为相关课程或培训的教材。

有鉴于此,我愿向读者郑重推荐这部内容精炼、长短适中的优秀读本!

香港科技大学荣休教授

清华大学教授

葛惟昆

二〇二四年六月于北京

目　录

第一章

AIGC 开启智能传播新时代

2022 年,随着 ChatGPT 的横空出世,人类社会正式步入了 AIGC 时代。今天,人类社会生活息息相关的万物,包括文本、图片、视频、音频、代码、方案、画作等均可以通过人工智能技术进行生成与传播。这种新的内容生成方式的变化,必然带来新的传播模式与产业形态。本章将从 AIGC 的定义出发,梳理并总结 AIGC 与人工智能发展之间的关联,以及 AIGC 的主要特点及分类,回顾 AIGC 的发展历程,以期为 AIGC 的发展脉络作一个整体的勾勒。

2022 年是人工智能生成内容(Artificial Intelligence Generated Content,AIGC)元年。这一年,距离艾伦图灵提出图灵测试过去了 72 年,距离约翰·麦卡锡(John McCarthy)正式提出人工智能(Artificial Intelligence)过去了 66 年。半个多世纪以来,人类在人工智能领域踯躅前行,通用性始终是人工智能技术无法摆脱"孤岛"困境的关键问题。技术不能为日常生活和普通人所使用,让人工智能一度被戏谑为技术开发者的"玩具"。

直到 2022 年 11 月 30 日,ChatGPT 的横空出世,才真正为人类打开了人工智能迈向创新和通用的大门,并在全球范围内引发了人们对生成式人工智能（AIGC）的关注，其中最让世人惊叹的是，AI 经历了最初从机器学习到神经网络的蜕变，再到后来的 Transformer 模型的发展更迭，今天的 AI 大模型已经具备了人类的通识和逻辑推理能力，成为通用领域的领头羊。作为一个大型多模态模型，最新的 GPT-4 在各种专业测试上的表现甚至与人类的水平相当。

在 AI 技术大爆发的今天，生成式 AI 也迎来了高速发展期，技术的应用和普及程度日新月异。"万物皆可生成"的时代已来临，同人类社会生活息息相关的万物，包括文本、图片、视频、音频、代码、方案、画作等均可以在数字空间形成映射，对于生成式人工智能的了解与熟悉，甚至是应用，已经成为数字时代重要且基本的生存技能。

第一节　AIGC：人工智能 2.0 的重要标志

一、什么是 AIGC

AIGC 的全称是人工智能生成内容，是由三个词缩写组合而成，即 artificial intelligence（人工智能）、generated（生成）和 content（内容），特指由人工智能技术生成相关内容。在当前的数智传播环境下，AIGC 正成为网络信息资源开发的重要趋势。

关于 AIGC 的定义，学界和业界尚未形成统一、规范的定义。麦肯锡将生成式人工智能定义为以一种接近人类行为的方式，（与人类）进行交互式协作。[①] 高德纳（Gartner）将生成式人工智能定义为"可以生成以前依赖人类的工件，在没有人类经验和思维过程偏见的情况下

---

① What is generative AI? ［EB/OL］.（2024-03-02）［2024-03-15］. https://www. mckinsey. com/featured-insights/mckinsey-explainers/what-is-generative-ai.

提供创新的结果"①。也有学者尝试从技术模型的角度进行定义。根据监督学习的方法差异,机器学习领域具有判别式(discriminative)和生成式(generative)两种典型模型生成式对抗网络。生成式对抗网络(generative adversarial network,GAN)模型出现后,人们开始利用生成式机器学习模型实现文本、图像、语音等内容的智能合成,学界将其定义为生成式 AI(generative AI)②,AIGC 时代由此开启。

　　2022 年 9 月,中国信息通信研究院和京东探索研究院共同发布《人工智能生成内容(AIGC)白皮书》,从主体和技术融合的视角,即内容生产者视角和内容生产方式两个层面对 AIGC 进行了定义,认为 AIGC"既是从内容生产者视角进行分类的一类内容,又是一种内容生产方式,还是用于内容自动化生成的一类技术集合"③。2023 年,腾讯研究院发布的《AIGC 发展趋势报告 2023》结合技术的发展和实践领域的应用,进一步对 AIGC 的定义进行了广义和狭义的区分,指出广义的 AIGC 可以看作是像人类一样具备生成创造能力的 AI 技术,即生成式 AI,它可以基于训练数据和生成算法模型,自主生成创造新的文本、图像、音乐、视频、3D 交互内容(如虚拟化身、虚拟物品、虚拟环境)等各种形式的内容和数据,以及包括开启科学新发现、创造新的价值和意义等。狭义的 AIGC 即指利用 AI 自动生成内容的生产方式。除了学界和业界对 AIGC 的定义,国家层面也从管理的维度对 AIGC 的应用范围进行了明确。国家网信办联合国家发展改革委、教育部、科技部、工业和信息化部、公安部、广电总局公布的最新的《生成式人工智能服务管理暂行办法》将生成式人工智能定义为具有文本、图片、

---

　　① 详见 What is Artificial Intelligence? https://www. gartner. com/en/topics/artificial-intelligence.

　　② Wang Y H, Herron L, Tiwary P. From data to noise to data: Mixing physics across temperatures with generative artificial intelligence[J]. Proceedings of the National Academy of Sciences of the United States of America, 2022,119(32): e2203656119.

　　③ 中国信通院,京东探索研究院. 人工智能生成内容(AIGC)白皮书[EB/OL]. (2022-09-02)[2022-11-05]. http://www. caict. ac. cn/english/research/whitepapers/202211/P020221111501862950279. pdf.

音频、视频等内容生成能力的模型及相关技术。

综上所述，虽然关于 AIGC 的定义尚未形成统一表述，但共识基本达成，即从技术基础来看，它是一种基于生成对抗网络、大型预训练模型等人工智能技术，通过对已有数据的学习和识别，以适当的泛化能力生成相关内容的技术。该技术最大的特点是模拟人类智能，通过机器学习、自然语言处理、计算机视觉等方式，实现从数据中学习和理解规律、做出决策、完成任务的目标，即 AIGC 的核心价值在于传播内容的智能化与创新性。

AIGC 作为数字资源，通过文字、图像、视频、音频、代码等多模态融合等形式呈现，可以模仿人类的创造力和风格，生成更富有创造力和吸引力的内容。同时，由于 AIGC 属于自动化创作，内容的生成非常迅速，极大提高了媒体内容生产的质量和数量，同时也减少了人力和物力成本的投入，因此，AIGC 代表了内容生成与传播场景中人工生成内容向技术驱动内容创新的变迁趋势，AIGC 也被视为人工智能 1.0 时代进入 2.0 时代的重要标志。

事实上，AIGC 并非新鲜事物。只是相对于今天 AIGC 丰富的创造力，早期的 AIGC 主要是依靠 AI 工具辅助生成固定模板的内容，通常应用于影视、娱乐、工业建模等专业任务场景。直到 2014 年，随着生成对抗网络 GAN 的出现，人们才开始利用生成式机器学习模型实现文本、图像、语音等内容的智能合成，生成一些具有创新价值的内容。

从智能化水平来看，从最初的计算智能、感知智能再到当下的认知智能，AIGC 的进阶过程在彰显机器智能进化能力的同时，也为人类社会打开了全新的认知智能的大门。通过单个大规模数据的学习训练，AI 即可掌握多个不同领域的知识，只需要对模型进行适当的修正或调整，AI 就能完成真实生活场景中的具体任务。因此，AIGC 地出现在人工智能发展史上，甚至在人类社会发展史上都是具有里程碑式意义的重要事件。

短期来看，AIGC 改变了人类传播场景中基础的内容生产方式及效能;中期来看,这必将会深度触及生产力、生产方式以及生产关系的变革;长期来看,AIGC 甚至有可能推动社会形态的变革,在持续放大数字社会核心要素数字价值的基础上,推动社会数字化水平的不断提升,甚至推动整个社会文明形态的升级与发展。当前,虚拟现实、数字孪生、融合共生等场景不断涌现,AIGC 已经迅速扩展到数字建模、数字人、场景合成、艺术创作等多个领域。

二、从 1.0 到 2.0:AI 进化驱动 AIGC 发展

谈到 AIGC,首先还是得回到人工智能本身。人工智能,英文表述为 artificial intelligence,简称 AI。人工智能技术被称为当代三大尖端技术之一,是推动当下产业革新的重要动能。今天的人工智能技术已经广泛应用在各个行业领域。无论是在零售、教育、传播、金融、医疗、制造、能源等行业,都可以看到人工智能的身影,并在上述产业内部的研发、生产、创新、营销、服务、风控、安全等方面发挥着越来越重要的作用。因此,人工智能技术的迭代与升级,既是科技本身发展的内驱力所致,也是人类信息环境与社会发展作为技术外部环境进行驱动的结果。

1956 年夏天,在美国达特茅斯学院(Dartmouth College)召开的研讨会上,来自数学、心理学、工程学、经济学等多领域的科学家共同将人工智能确定为一项研究学科,计算机专家约翰·麦卡锡(John McCarthy)正式提出"人工智能"一词,自此"人工智能"以学科的名义走入人们的视野,而此次会议也被视为人工智能正式诞生的标志。从此,人工智能就始终代表和引领着科技进步与发展的方向。时至今日,人工智能经历了三次浪潮,存在三个主要流派,在人类科技进步的进程中扮演着越来越重要的角色,并成为引领新一轮技术革命的核心技术。今天的人工智能学科,已经发展成由计算机科学、控制论、信息论、语言学、神经生理学、心理学、数学、哲学等多个学科相互渗透的综合性学科。

（一）人工智能技术的主要流派

1.符号主义流派

符号主义也叫逻辑主义,其起源可以上溯至微积分的其中一位发明人莱布尼茨。符号主义的核心思想是认知即计算。因此,符号主义流派认为计算机可以通过符号模拟人类的认知,来实现对人类智能的模拟。但符号主义的逻辑推理方法有着极为明显的优缺点。优点是简明清晰,易于理解和实现,但缺点也很明显,就是受制于数据和算力的短板,无法应对大规模的复杂问题。

到了 20 世纪 70 年代,科学家们意识到智能不能仅仅靠推理来验证,如何获取知识、表示知识、利用知识才是关键,因此知识库系统和知识工程开始被引入人工智能领域。专家系统成为这一阶段的重要贡献。专家系统可以根据某个领域已有的知识、经验进行判断和推理,然后做出类似于人类专家的决策。自此人工智能开始具有决策功能。之后,为了进一步完善专家系统的功能,科学家们开始让机器自己学习知识、发现知识,这就是人们常说的机器学习算法。但遗憾的是,符号主义最终并未将人工智能引向巅峰,反倒走进了一条死胡同。那就是符号主义始终无法解决不确定性和模糊性问题、缺乏实际应用的问题、缺乏灵活性的问题。

2.连接主义流派

连接主义也被称为联结主义,或被称为"仿生流派"或"生理流派"。连接主义的主要观点是,智能不是由一组规则或知识表示所构成的,而是大量简单元素相互作用的结果。相较于符号主义,连接主义更适合处理具有不确定性和模糊性的复杂问题,并且通过适应性学习模式,能够不断从反馈信息中学习、调整和完善,以更好地适应需求,因此被广泛应用于语音识别、图像识别等领域。

连接主义的核心思想主要是受到了人脑思维活动的启发,认为机器智能也能像人脑一样,用大量简单的单元通过复杂的相互连接进行运行并产生智能。在流派内部,经历了最初的人工神经元探索、第二代神经网络、统计机器学习几个主要发展阶段。其中在统计机器学习阶段,在强大算力的支持下,深度学习算法突飞猛进,AI 迎来了第三次浪潮,也就是今天人类社会正在经历的 AI 浪潮。

3.行为主义流派

行为主义流派可以追溯至控制论,但是直到 20 世纪末它才被正式提出,其核心理念是智能依赖感知、行为和对外部环境的适应性。强化学习就属于典型的行为主义流派,它的原理是模拟人类从环境中获得反馈并进行学习的方式。基于行为主义的上述特点,其优势也显而易见,即通过与环境的互动与反馈,可以有效解决环境变化时的适应性问题。环境适应性问题的解决,为人工智能技术在机械智造、智能建造、自动驾驶、机器人领域的应用提供了无限可能。

(二)人工智能从 1.0 到 2.0 的跨越

在人工智能起步时期,人们开始寻找一些可执行的算法模型,希望通过这种模型实现人工智能。学界和科学家们也找到了一些有效的模型,比如表示性问题解决器(logic theorist)和通用问题解决器(general problem solver)。1955 年,达特茅斯会议(Dartmouth Conference)的召开,打开了人工智能进入人类社会日常生活的大门。

尽管会议之后,人工智能的概念为学界广泛接受和认可,但在实际的发展过程中,迎来的是这一学科和技术发展史上的一段寒冬岁月。当时由于计算机内存和算力的限制,计算机的计算和存储能力都不能满足大型计算的要求,这就让人工智能不得不停留在设计和构想阶段。所以直至 20 世纪 60 年代之前,人工智能始终未能取得长足的发展和进步。

在人工智能 1.0 时代,人类认知占据主导,机器的主要价值是提升搜索面和搜索速度,例如 AlphaGo 可以在棋局中获胜,基本是靠认知。而人工智能 2.0 时代的到来,意味着人类社会正在从信息时代迈入智能时代。海量的数据先于应用存在,让机器更加智能,而智能化的系统也可以创造更多的数据。因此,人工智能 1.0 与 2.0 的区分,即在于数据中心价值是否得到凸显。人工智能 2.0 时代,数据的规模和质量成为关键要素,数据是核心的资源。数据的规模、质量,以及在一定规模数据基础上的训练,成为人工智能发展的重要基础。大模型的出现就是典型里程碑式的转折点。大模型作为基础模型,越来越具有泛化能力和通用性,从而推动人工智能逐步走向通用。世界上最主要的人工智能大模型如下:

(1)2017 年,谷歌推出 Transformer,引入自注意力机制,成为绝大多数大模型的基础架构。

(2)2018 年,OpenAI 提出预训练模型 GPT。2020 年 GPT 公开大语言模型 GPT-3,参数量达到 1750 亿。GPT-4 更是达到 1.8 万亿巨量参数,13 万亿 token 训练。

(3)2021 年谷歌提出 Switch Transformer 超大规模训练模型,参数量为 1.6 万亿。阿里接着发布 M6 多模态模型,参数量为 10 万亿。

有了大模型作为基础,人工智能 2.0 在技术上取得了一系列的突破,生成式人工智能由此迎来了高速发展期。

人工智能 2.0 作为人工智能发展的新形态,以提高机器的智能化活动能力为主要目标,是更接近人类智能的人工智能形态。从定义来看,人工智能 2.0 被认为是基于重大变化的信息新环境和发展新目标的新一代人工智能。其中,信息新环境是指,互联网与移动终端的普及、传感网的渗透、大数据的涌现和网上社区的兴起等。新目标是指,智能城市、智能经济、智能制造、智能医疗、智能家居、智能驾驶等从宏观到微观的智能化新需求。可望升级的新技术有:大数据智能、跨媒体智能、自主智能、人机混合增强智能和群体智能等。[①]

---

① 潘云鹤.人工智能走向 2.0[J].Engineering,2016,2(4):51-61.

图 1.1 笔者利用讯飞星火生成的未来城市、未来人类及未来居家养老场景

从应用领域的反馈来看,Gartner 将 AIGC 列为 2022 年五大影响力技术之一。MIT 科技评论也将人工智能合成数据列为 2022 年十大突破性技术之一,甚至将 AIGC 称为 AI 领域过去十年最具前景的进展。未来,兼具大模型和多模态模型的 AIGC 模型有望成为新的技术平台,并有可能从根本上颠覆传统的内容生产模式,实现低成本甚至零成本的自动化内容生产,这一内容生产范式的转变,将极大地提升数智传播场景中所需内容的产能、效能,满足用户多元化、个性化的内容需求与互动体验。特别是对于将内容产出和供给作为主要业务的媒介产业领域,AIGC 的广泛应用或将极大提升内容供给的可及性,提升用户的获得感、参与感、满足感,实现媒介产业真正意义上的供给

侧结构性改革与重构。

四、AIGC 与 Web 3.0

AIGC 是推动数字经济从 Web 2.0 向 Web 3.0 升级的重要生产力工具,其内容生态也在逐渐丰富。从最初仅能生成文字、图片内容,到后来的音频、视频、动画等,再到今天多媒体形态内容、智能创新内容的生成,AIGC 正在不断打破人类关于机器创新思考能力认知的边界。

(一)Web 3.0

Web 3.0 被视为下一代互联网,也被称为"分布式 Web"。Web 3.0 最早出现在 2006 年,是针对 Web 2.0 提出的互联网概念。2014 年,以太坊联合创始人加文·伍德(Gavin Wood)提出 Web 3.0 的新设想,希望以区块链、智能合约等为起点,开启新的数字经济浪潮。虽然 Web 3.0 的定义很难统一,但人们对于 Web 3.0 的基本共识已经形成,即作为下一代互联网的体系架构,语义网是其核心特质。

在技术特点上,Web 3.0 主要的技术支撑包括区块链技术、分布式存储技术、智能合约技术、加密技术、人工智能技术、跨链技术等,是一种以用户为主体的网络生态结构。事实上,早在 1994 年,粒子物理学家蒂姆·博纳斯·李(Tim Berners-Lee)就提出了万维网发展的一个方向畅想,即"去中心化"和"共识"的确立。相比于 Web 2.0 的平台中心化特征,Web 3.0 更强调去中心化、可编程性和智能合约等特点,致力于实现用户所有、用户共建、去中心化的网络生态,构建更安全、更开放、更民主的互联网。在 Web 3.0 中,用户为满足自身需求进行交互操作,并在交互中利用区块链技术,实现价值的创造、分配与流通,由此构成了一个由用户主导的开放、扁平、交互、价值流通的传播生态(见表 1.1)。

表 1.1　互联网形态与 AIGC 的发展[①]

	第一代互联网 （Web 1.0）	第二代互联网 （Web 2.0）	第二代互联网 （Web 3.0）
典型场景	PC 机、信息门户	移动互联网、社交媒体、平台经济	区块链、元宇宙、人工智能、全真全息
内容生产	PGC	PGC＋UGC	PGC＋UGC＋AIGC
人机交互	键盘鼠标操作	触控、隔空操作、语音识别等	视觉、嗅觉、脑电等多模态交互
主要特征	门户高度中心化	平台中心化、用户参与、移动便利、电子商务	弱中心化、价值共享、隐私保护、虚实共生
资源组织	目录式资源供给、搜索引擎	社会网络、多源异构大数据	多模态融合、认知计算、虚拟现实

因此，Web 3.0 不是当前 Web 2.0 的简单升级，它要解决的核心问题，其实是平台利益的分配问题，即建立一个更加开放、公平和安全的互联网。AIGC 作为 Web 3.0 诸多场景中的内容生产的基础设施，将为数字孪生、元宇宙等提供强大的赋能和支撑。

（二）Web 3.0 与 AIGC 的共生发展

Web 3.0 与 AIGC 的共生发展无疑将为未来传播提供更多的可能与繁荣的景观。

首先，AIGC 可以为 Web 3.0 的去中心化传播生态构建提供更多的技术支持。AIGC 可以帮助计算机自动生成一些 DApps 的功能，这样可以大幅缩减目前同类技术开发的周期和成本。

其次，AIGC 可以进一步激发用户的价值，让个体作为传播节点的作用得到进一步的释放，在提升用户价值的同时，提升用户的感受

---

① 李白杨，白云，詹希旎，等.人工智能生成内容（AIGC）的技术特征与形态演进[J].图书情报知识，2023,40（1）：66-74.

与体验。在 AIGC 提供的独特的交互场景中,用户既参与内容生产,也参与内容传播与消费,生产者与消费者合一的用户特征,可以让用户更加全面地掌握、挖掘、处理个人数据,并通过去中心化的应用程序进行传播。以游戏产业为例,用户不仅仅是游戏产品的消费者,还可以通过 AIGC 技术的应用,参与到游戏项目的开发和设计过程中,拥有既是玩家又是游戏设计者的双重身份和多重参与体验。而 Web 3.0 则可以帮助玩家建立不同游戏和项目之间的数字资源共享与链接,这对于游戏产业而言或将带来革命性的变革。

最后,Web 3.0 与 AIGC 的结合,不仅可以为数字资源更加科学地开发、共享、分配提供更多可能,还能帮助人们创造更多的数字资产,为数字资产的交易提供保障,为数字经济和数字人文的发展提供更多的机遇。Web 3.0 阶段,AIGC 可以为真正意义上的数字社会的构架提供强大的支撑。

毋庸置疑,Web 3.0 与 AIGC 的相互助力将为人类带来更多更美好的未来,但与此同时也不可避免带来新的争议。如何更加理性地看待技术与人的关系,既不要将其视为洪水猛兽,盲目地陷入技术决定论的窠臼,也不要过度依赖,失去自身在创新中的责任,而是要努力探索一个平衡点,既能够让科技创新持续推动人类社会的进步,推动人类自身的发展,也能够保障人类的权益和发展的理性。

第二节　AIGC 的主要特点及分类

一、AIGC 的主要特点

AIGC 作为新型的内容创作方式,具有以下几个显著的特点。

(一)自动化水平更高

AIGC 可以根据用户提示的关键词、指令或具体要求,自动生成内容,无须人工干预或编辑。这样可以极大地节省时间和人力成本,因此内容创作的效率更高,效果也更好,同时随着 AI 在信息生成过程中的持续参与,未来内容生成的自动化程度还将不断提高,并从局部自动化向全程自动化及自主自动化方向不断升级。

(二)内容创作更高效

从生成内容的可供性角度来看,由于运用了大数据和云计算等技术,AIGC 在内容创作的过程中,可以更快速地处理海量的信息,从而保障海量高质量内容的持续生成、有效的内容创作。另从内容供给的可及性角度来看,AIGC 不仅可以满足用户对于内容的多元化需求,还可以有效提高用户使用的满意度和内容的留存率。

(三)生成内容更具创意

AIGC 可以利用深度学习和强化学习等技术,不断优化内容生成,从而生成更具创意和个性化的内容。这些高质量的内容不仅更具吸引力和价值,还可以有效提高用户参与度和内容商业价值的转化率。

(四)内容生成过程强互动性

AIGC 主要是利用自然语言处理和计算机视觉等技术来实现与用户的互动与反馈,并能根据用户的喜好和行为特点,动态地调整内容生成的方式,从而在提升内容可用性的同时,提高了用户体验和对相关技术、平台和服务的忠诚度,增加用户黏性。

二、AIGC 的独特优势

(一)类人化思维模式,更擅长进行语义分析,得出精准结论

相较于更擅长于分类行为的决策式 AI,生成式 AI 更擅长对语义进行分析,并进行创作。其基本的运作原理是通过训练集中了解事物的特质,然后从事物相关数据中了解上述特质,当面对新样本时,生成式人工智能也会先提炼事物数据的特质,然后进行必要的对比分析,最终通过概率比较得出比较精准的结论。这一整套原理背后反映出的是生成式 AI 类人化的思维逻辑。其依托的生成式模型更加关注的是结果的产生过程和逻辑,这就需要十分充足的数据量,唯此才能有效保证模型采集数据的准确性。正因如此,生成式模型的运行速度也会相对慢一点。但这并不改变生成式 AI 的本质,由于给予了用户更多的选择和便捷,生成式 AI 将越来越多的人从繁杂冗余的工作中解放出来,极大提高了人们的工作效率,也因此得到了越来越多人的青睐。

(二)聚焦逻辑认知能力,更具创新价值

生成式 AI 侧重于基于知识、信息和数据的应用在逻辑层面产生创新成果。这种模式更接近人类思考的方式,除了对已有数据、信息和知识进行分析,还可以进行归纳、演绎和推理,从而达到创新的目标。因此,在内容设计、产品创新、人机交互等方面得到广泛应用。

在具体应用方面,生成式 AI 主要擅长自动生成全新内容,包括文本、图片、音频和视频在内的主流的内容形式都可以生成,特别是在创意设计性工作领域。2018 年,由人工智能技术创作的肖像画《埃德蒙·贝拉米画像》拍出 43.25 万美元高价,成为人类历史上首件参与拍卖的AI 艺术品,引发世界范围内的关注。2023 年 3 月,我国诞生了首部AIGC 生成的完整情节的漫画。百度文心一格和画家乐震文续画的

陆小曼未完成的画稿《未完·待续》，作为 AIGC 山水画进入拍卖领域，最终以 110 万元的价格成交。该画作之所以拍得如此高价，主要是文心一格以陆小曼存世的画稿、书法作品等作为 AI 训练的基础数据并精准分析与推演，才最终让 AI 生成的画作具备原作者的神韵，甚至达到了以假乱真的水平。

(三)摆脱冗杂细节，提升工作效率，助力传媒产业数字化转型

传统的媒介出版行业主要通过复制粘贴的方式，让图书快速普及。但是 AIGC 加入出版行业，就是从单纯的复制粘贴转变为主动创作的过程，可以自动化生成文章、报道、评论等内容，大大提高了内容生产的效率，降低了成本，在这个基础上大幅提升了标准化、流程化甚至生产线。AIGC 推动出版技术的创新与发展，让生产质量与效率实现极大的提升。

AIGC 技术可以有效促进出版行业数字化转型，从而拓宽出版渠道，主要包括数字渠道。例如在生成用户画像时，AI 就通过对大数据的抓取，实现对人群特征的识别和用户内容偏好的分析，随后基于用户心理和需求，生成营销策划案、营销文案等，为不同的用户提供个性化的推荐和营销，使得用户可以轻松获得更加精准的内容推送。

(四)智能算法，实现更加高效、精准的传播效果

AIGC 在内容生成的过程中，可以通过算法调度，实现更加精准地传播。而这种算法调度，既可以是实时的用户行为分析与反馈，也可以是基于历史数据的统计与分析。例如 AIGC 可以利用用户画像、行为分析、情感识别等技术，将生成的内容进行个性化的定制和适配，从而实现内容服务的差异化和个性化。也可以利用对话系统、语音合成、图像合成等技术，将生成的内容进行个性化地呈现和交互，并根据用户反馈进行灵活调节。这样可以增加内容生成的亲切感和友好感，提高用户对生成内容的满意度和信任度。

此外，AIGC 还可以通过智能算法，提升传播渠道的匹配与利用效能，实现内容在社交媒体、电商平台、游戏平台等跨平台、多渠道的精准投放与联运，从而提升内容传播的效度和可及性。这样既可以扩大内容生成的影响力和覆盖面，提高内容生成的知名度和口碑。同时，AIGC 还可以通过网络分析、数据挖掘、推荐系统等多技术手段的融合，实现生成内容的定位、定时、定量推送，并根据用户反馈进行调整，确保生成内容的匹配度和黏性，提高内容生成的转化率和收益率。

三、AIGC 的主要分类

AIGC 可以根据生成内容、生成技术、生成目的和生成方式进行分类，其中技术作为核心要素直接影响着 AIGC 发展的整体水平。

(一)根据生成内容分类

从生成的具体内容来看，AIGC 的具体形态包括文字、图片、音频、视频等多种形式。

1.AI 生成文本

AI 可以生成新闻报道、小说、诗歌、故事、对话等多种形态的文本内容。它可以根据给定的主题、关键词、写作风格、写作形式等具体要求生成与之契合的文本，并且能够模拟不同的语言风格和表达方式。目前在传媒领域应用最多的是新闻报道的撰写、剧本的创作等。

2.AI 生成图片

根据文字描述或提示的关键词，AI 可以生成如照片、图表、地图、绘图等各种类型的图片。并且可以根据用户的调整、补充等对画面内容、风格、色调、构图等进行调整，不断满足用户个性化的要求。

3. AI生成音频

目前 AI 已经可以实现语音合成、音乐制作、声音效果合成等多种功能。通过集成机器学习和深度学习算法,AI 可以模仿和生成人类的语音、声乐、节拍、音乐、节奏等各种音效,且音频质量高度自然和逼真。AI 音频生成的应用范围十分广泛,涵盖娱乐、广告、教育、新闻等多个领域。在娱乐产业中,AI 音频生成技术能够为电影、电视剧、游戏等提供契合的背景音乐和声音效果。在广告行业,它还可以帮助创造更具吸引力的音效,以提升广告的传播效果。教育领域则可以利用这项技术为多个教育场景提供多语言配音,或是创造交互式学习体验。

4. AI生成视频

AI 生成视频可以胜任各种视频的创作,包括短视频、动画、广告等。根据创作主题、创作脚本、创作设计与提示,AIGC 可以生成视频片段,还可将生成的图像、音频和动画等进行有机融合,从而生成视频短片,只要设计细节完整,甚至可以生成微剧或微电影。

综上所述,AIGC 生成内容相较于传统的 PGC(专业生成内容)模式,在保证内容生成自动化与专业化的同时,还通过人机互动极大提升了内容的多样化与个性化,确保了内容传播的开放性与包容性,也更加契合社交媒体时代去中心化的传播模式和满足多元化的用户需求。但需要注意的是,AIGC 生成的内容主要是基于模型的预测和学习产生的,因此也可能存在一定的主观性和创造性。

(二)根据生成技术分类

根据生成技术的差异,AIGC 可以分成如下两类。

1. 基于规则系统的 AIGC

基于规则的生成技术主要是通过事先定义的规则和模板来生成数据,所谓的规则包括语法、语义和逻辑等方面,有了这些规则就可以有效确保生成内容的契合度。该类型中,最早的系统开发于 20 世纪 60 年代,主要是用于 NLP 和专家系统等任务。20 世纪 90 年代之后,规则系统同机器学习算法的结合,让规则体系的灵活性和复杂性得到了进一步的提升。

例如在文本内容生成时,常用的算法有模板匹配法。因此,在内容生成之前就需要预先定义语法规则和模板,然后根据这些规则和模板生成文本片段,之后再将生成的文本片段与预先定义的规则和模板进行匹配,以确保符合预先定义的规则和要求。随后重复上述生成和匹配过程,直至生成用户满意的文本。另外,也可以通过分析大量的训练数据,学习数据中的模式和规律,然后根据统计数据生成新的内容。在图像生成方面,主要是通过形状、颜色、纹理等一些元素的组合来确定规则,从而明晰生成目标图像的具体要求和细节。

基于规则生成的内容具有较强的可控性,对于规则和模板的事前确定需要有一定的先验知识和对相关领域技术的掌握。与此同时,规则和模板的限定性也会导致生成内容的局限性,因此难以满足用户多样化、个性化的内容需求。

2. 基于机器学习的 AIGC

基于机器学习的生成技术主要指使用机器学习算法和模型来生成内容。模型的建立以对数据的学习和训练为基础,而数据的规模及训练、学习的深度最终决定了模型的表示能力。目前已经应用的基于深度学习的生成模型主要有循环神经网络(Recurrent Neural Network,RNN)、生成式对抗网络(GAN)、Transformer 模型架构、扩散模型等。其原理是基于强化学习的生成技术,使用强化学习的算法和框架来生成内容。这个内容生成的过程也可以被视为一个决策过程,通过与环境的交互学习形成一个策略,并通过对生成过程中决策和行为的调整来提升最终生成内容的效果。

随着深度学习技术的发展,深度神经网络在内容生成方面展现出了强大的优势。绝大多数深度神经网络模型都基于有监督学习的训练方法。而生成式对抗网络(GAN)的数据生成能力主要源于其在无监督学习领域中的突破。但生成式对抗网络(GAN)模型也有其短板,主要表现为训练过程中的自由度过大,导致训练的稳定性和收敛性偏差等。

(三)根据生成目的分类

根据生成内容最终的目的和用途的差异,还可以将 AIGC 分为创意生成、辅助生成、休闲娱乐生成、个性化生成和品牌生成等。

1.创意生成

AIGC 主要用于生成具有创意性和独特性的内容。这些内容既包括绘画、诗歌、音乐等,也包括剧本、小说、游戏等,以启发或激发人们的创造力和想象力。

2.辅助生成

AIGC 作为助手,可以为人们完成特定任务提供协助。例如,它可以通过提供各种形式的背景资料、参考数据、报告、文献、研究成果等,为用户的研究论文、行政工作、调研报告等提供基础信息和支撑材料,极大拓展了人们的知识域,为人们打开了跨领域、跨学科的知识视野。同时,还可以根据用户提供的框架和范围,自动生成报告、论文、数据分析报表等。

3.休闲娱乐生成

该类型的 AIGC 旨在提供休闲娱乐服务或与之相关的内容。例如,它可以生成剧情脚本、电影情节、游戏情节、虚拟角色等,以支持电影、游戏和虚拟现实等娱乐产业的创作和开发,还可以生成笑话、趣味段子、趣味小说等,为用户提供休闲娱乐方式。

4.个性化生成

该类型的 AIGC 旨在根据用户的个性化需求提供定制化的内容服务。它可以根据用户的个性化需求生成个性化的推荐、定制化的设计、风格化的内容等,以满足用户个性化的定制需求。AIGC 的这项功能,对于产品设计、小众营销以及品牌生成具有十分积极的价值。个性化的内容不仅有助于提升品牌标识度,帮助品牌和企业开展积极的内容营销,还可以通过生成独特的品牌故事、极具吸引力的广告语和个性十足的社交媒体内容等,帮助品牌和企业提升形象传播和推广实效。

(四)根据生成方式分类

根据生成方式的差异,AIGC 也可以区分为单一生成、联合生成、交互生成、集成生成和迭代生成。

1. 单一生成方式

AIGC 内容生成过程中只依赖某种单一的生成技术或方法,生成的内容类型也是单一的。这种生成方式通常更适用于特定的应用场景,如文本生成、图像生成或音频生成等。在单一生成方式中,又可以分为基于模板的生成,即系统使用预定义的模板来生成内容;基于规则的生成,即系统根据一组预定义的规则来生成内容;基于模型的生成,即系统使用机器学习模型来生成内容;基于优化的生成,即系统通过优化算法来生成内容。虽然 AIGC 单一生成方式在某些情况下可以生成质量更高、更专业的内容,但它也有局限性。例如在一些复杂的应用场景中,可能需要结合多种生成技术和方法,以提高内容的准确性、相关性和创新性,而单一生成方式显然无法满足此类需求。

2. 联合生成方式

AIGC 联合生成方式主要是相对于单一生成方式而提出的概念,是通过结合多种生成技术和方法来生成内容的过程,涉及不同模态的数据和生成技术的结合。

相较于单一生成方式,AIGC 联合生成方式的自动化水平、生产效能都更高,它可以在短时间内生成大量内容,不仅节省人力和资源投入，还拓展了内容创作的边界，为多媒体形态内容的生成提供了可能性。例如 AIGC 可以在生成故事脚本的同时为故事配上插图、背景音乐、音频、动画等，从而生成一个融合多种内容形态的多媒体内容。

3.交互生成方式

首先，通过用户信息输入来实现互动和内容生成。AIGC 主要根据用户的输入、反馈来动态生成内容。例如，聊天机器人可以根据用户的问题生成类人化的回答，而智能写作助手也可以根据用户提供的关键词生成文章。其次，系统还可以根据用户的行为模式或偏好，生成个性化的内容推荐。例如，新闻资讯平台会根据用户的阅读习惯推送用户感兴趣的新闻。并通过收集用户的反馈信息，不断优化内容的推送机制。再次，从参与主体来看，交互式生成方式还支持多人参与内容生成，即多用户主体共同参与内容生产。例如，由游戏玩家共同构建的虚拟游戏空间，或社交媒体平台上由用户间的互动生成的内容都属于这一类型。最后，通过将现实世界数据与虚拟内容的结合，还可以将真实环境与虚拟场景相融合，为用户提供更富有创意的沉浸式虚拟现实体验。

总的来说，交互式内容生成是一种动态、灵活且高度个性化的内容创作方式。它不仅能够提高用户体验和满意度，还能够拓展内容创作的边界和可能性。随着技术的不断发展，未来交互式内容生成将朝着更加智能和人性化的方向进化，并在更多领域发挥重要价值。

4.集成生成方式

AIGC 集成生成方式指通过整合多个不同的模型和算法来生成内容的方式。不同的模型负责不同任务的协同实现，通过集成生成的内容可以使内容的样态更丰富生动。首先，集成生成方式涉及多技术的融合，如生成式对抗网络（GAN）、大型预训练模型等多种人工智能技术的协同，以提高生成内容的质量。其次，集成还意味着数据驱动的协同。通过对海量数据的学习和多个模型的训练，AIGC 能够利用多个模型同时参与内容的生成,从而为内容的质量和创意水平的提升奠定扎实的技术基础。

5.迭代生成方式

AIGC迭代生成方式指通过不断的算法迭代和模型优化来实现对之前生成内容的改进和优化,其中评估和反馈机制的有效运用是迭代实现的核心。而AIGC迭代生成方式主要依赖深度学习算法的更新、预训练模型的应用、多模态技术的融合及开源模式的推动等。总体看来,AIGC迭代生成方式作为内容创新的关键,不仅有助于提高内容生产的效率,还能够推动内容产业的整体升级。随着技术的不断进步,AIGC必将得到更广泛的应用。

综上所述,AIGC可以根据不同的标准进行类型划分,但事实上这样的划分并不意味着不同类型的AIGC方式是相互独立的,而是为AIGC在实际应用的过程中,提供更多场景的划分,为使用者提供更多的选择与思路,以满足用户多样化的需求。

第三节　AIGC的发展历程

人类社会诞生至今,已经经历了三次工业革命,当下的人工智能正在掀起人类社会的第四次工业革命——数字工业革命。在数字世界和现实世界加速融合的大背景下,人工智能生成内容(AIGC)正在酝酿一场深刻的变革,或将颠覆数字内容的生产方式和消费模式,极大提升社会的数字化水平和人们的数字生活质量,AIGC正在成为新形态数字文明孕育过程中不可或缺的核心技术和动力引擎。

一、AIGC 的进化历程

目前学界和业界关于 AIGC 发展史的讨论,几乎都倾向于将其发展划分为三个主要阶段,主要的划分依据还是源于技术与应用功能的实现。本书关于 AIGC 发展阶段的划分,主要采纳的是 2022 年中国信息通信研究院联合京东探索研究院发布的《人工智能生成内容(AIGC)白皮书》中的划分依据和标准。

(一)早期萌芽阶段(20 世纪 50 年代—90 年代中期)

在 AIGC 的早期发展阶段,受制于当时的技术水平,AIGC 仅限于小范围实验与应用。标志性的人物和事件包括:

1950 年,艾伦·麦席森·图灵(Alan Mathison Turing)提出了著名的"图灵测试"。该测试让机器与人在保持隔开的情况下,向被测试者进行随意提问,而后根据多次测试的结果,比对机器与人的误判比例,如果机器通过了测试,就被认为具有人类智能。

1957 年,美国作曲家莱杰伦·希勒(Lejaren Hiller)和伦纳德·艾萨克森(Leonard Isaacson)开发了一个编曲程序,并生成了人类历史上第一支由计算机创作的弦乐四重奏《依利亚克组曲》(Illiac Suite),人工智能开始进入音乐艺术领域。

1966 年,在美国麻省理工学院人工智能实验室,计算机科学家约瑟夫·魏森鲍姆(Joseph Weizenbaum)开发了最早的聊天机器人之一——伊莉莎(Eliza)。伊莉莎不仅能听懂人类的语言,而且表现出了人类独有的同情心,并且能够给予安慰。这个程序发布后,心理学家和医生甚至提出想请伊莉莎参与心理治疗,一些参与实验的病人甚至对伊莉莎表现出了比人类医生更高的信任度。

20 世纪 80 年代中期,IBM 基于隐形马尔可夫模型(Hidden Markov Model,HMM)创造了语音控制打字机"坦戈拉"(Tangora)。

20 世纪 80 年代末至 90 年代中期,由于人工智能研究需要高昂的投入且难以实现商业化,各国政府纷纷减少了在该领域的投入,导致 AIGC 并未取得长足的发展。

总体来看,这一阶段 AIGC 主要聚焦于文本生成技术的发展,业界研发了很多不同的方法和模型,包括基于规则的方法、统计语言模型、神经网络模型等,这些方法和模型都在某些方面为后期 AIGC 的发展提供了思路和方向。

(二)沉淀积累阶段(20 世纪 90 年代中期—21 世纪第二个十年中期)

这一阶段,AIGC 开始从实验走向应用。

2006 年,深度学习算法取得进展,同时图形处理器(Graphics Processing Unit,GPU)、张量处理器(Tensor Processing Unit,TPU)等算力设备日益精进,互联网进入快速发展阶段,为人工智能发展提供了海量数据基础,推动人工智能取得巨大进展。

2012 年,微软全自动同声传译系统发布。该系统基于"深度神经网络"(Deep Neural Network,DNN),可以自动将英文演讲内容通过语音识别、语言翻译、语音合成等技术生成中文语音。

总体来看,这一阶段 AIGC 技术的研究和应用在深度学习、自监督学习、联合学习、跨模态学习方面取得了长足的发展。深度学习更是成为 AIGC 技术的主流。基于神经网络的学习方式不仅可以自动从大量的数据中学习特征和规律,还实现了端到端的学习和预测。同时,AIGC 开始朝着联合学习和跨模态学习的方向发展,从而实现多个模态数据和知识的融合,提升模拟人类的多模态感知和智能决策能力。

(三)快速发展阶段(21 世纪第二个十年中期至今)

这一阶段随着人工智能技术的不断迭代升级,AIGC 迎来了高速发展期(见表 1.2)。

表 1.2　AIGC 发展的三阶段[①]

发展阶段	发展特点	典型事件
酝酿萌芽段	受限于科技水平,AIGC 局限于小范围实验	图灵测试,人机对话机器人"Eliza"问世,语音控制打字机"Tangora"诞生
稳步推进段	实验性向实用性转变,受限于算法瓶颈,无法直接进行内容生成	首部人工智能创作小说"1 The Road"问世,全自动同声传译系统诞生
迅猛发展段	深度学习算法快速发展,AIGC 效果逐渐逼真直至人类难以分辨	CAN、StyleGAN、首个 AI 生成的画作被拍卖、DALL-E

2014 年,具有里程碑价值的生成式对抗网络(GAN)被引入 AIGC,让 AIGC 有了更多的发展可能和应用场景。

2017 年,美国纽约大学人工智能研究员罗斯·古德温(Ross Goodwin),模仿美国作家杰克·凯鲁亚克(Jack Kerouac)的小说"*On the Road*",搭载一台连接了各种传感器,存储在笔记本电脑上的人工智能设备,从纽约开车到新奥尔良,记录在旅途中感知到的一切并以文字的形式输出,出版了世界上首本人工智能小说"1 *the Road*"。

2017 年,微软人工智能少年"小冰"推出世界首部由人工智能写作的诗集《阳光失了玻璃窗》。

2018 年,英伟达(NVIDIA)推出 Style GAN,可以自动生成高分辨率图片。

2019 年,DeepMind 发布 DVD-GAN 模型,可生成连续视频。

2021 年,Open AI 推出 DALL-E 并更新迭代版本 DALL-E2,可以将文本生成为图像。

2022 年,深度学习模型——扩散模型出现,推动 AIGC 实现跨越式发展。

---

① 许雪晨,田侃,李文军.新一代人工智能技术(AIGC):发展演进、产业机遇及前景展望[J].产业经济评论,2023(4):5-22.

2022 年，ChatGPT 问世，GPT-1 奠定了基于变换器（Transformer）结构的语言模型的基础。

AIGC 的快速发展离不开深度学习模型的不断升级、开源模式的助力、大模型探索商业化的可能性等因素。AIGC 目前生成内容的类型不断丰富、质量不断提升，技术的通用性和自动化水平都越来越强，未来 AIGC 必将迎来新一轮的成长爆发期。

目前的 AIGC 相关技术已经具备三大前沿能力，即数字内容孪生能力、数字编辑能力和数字创作能力。

通过数字内容孪生能力，AIGC 可以搭建现实世界在虚拟世界的映射。数字内容孪生能力包括智能增强与转译技术，其中增强技术可以有效弥补内容数字化过程中的信息丢失，转译技术在理解基础上则可以实现对内容进行多种形式的呈现。

通过数字编辑能力，AIGC 可以有效连通现实世界与虚拟世界的交互。其中数字编辑能力可以实现智能语义理解与属性控制。语义理解可以帮助实现数字内容各属性的分离解耦，而属性控制则可以在理解基础上实现对属性进行修改、编辑和二次生成，最终反馈于现实世界，形成孪生与反馈的闭环。

通过数字创作能力，AIGC 可以实现从数据理解向数据创作的跃升。AIGC 的创作能力可分为基于模仿的创作与基于概念的创作，前者基于某一类作品的数据分布进行创作，而后者主要是从海量数据中学习抽象概念，并基于概念创作出现实世界不存在的内容。

二、未来我国 AIGC 的应用前景展望

近年来，随着生成式人工智能在文本、图像、代码、音频、视频等方面理解与生成能力的不断提升，AIGC 已经在诸多领域展现出了强大生产力，极大地推动了其应用领域的数字化进程。

根据国际数据公司（IDC）于 2024 年初发布的《全球人工智能和生

成式人工智能支出指南》,2022年全球人工智能投资规模为1324.9亿美元,2027年将增至5124.2亿美元,其中生成式AI技术将占据30%的市场投资份额。中国将占亚太地区人工智能总投资的一半以上,生成式AI到2027年投资规模将超过130亿美元,五年复合增长率达到86.2%。

当前我国的生成式AI正迎来发展的爆发期,商业应用规模正在快速增长中,根据中关村大数据产业联盟发布的《中国AI数字商业展望2021—2025》报告,预计到2025年,中国生成式AI商业应用规模将达到2070亿元,未来五年的年均增速为84%。根据Gartner《2021年预测:人工智能对人类和社会的影响》给出的积极预测,到2023年,将有20%的内容被生成式AI所创建。至2025年,预计生成式AI产生的数据将占所有数据的10%。

另据艾瑞咨询的研究报告,随着中国互联网普及率的不断提升,网络规模、网络接入环境的多元化、企业数字化水平的加速,都为AIGC在更广领域的应用提供了基础条件,AIGC有望渗透到人类生活的方方面面,赋能行业产业的变革。中国AIGC产业规模2023年约为143亿元,2028年预计达到7202亿元,随着AIGC产业生态日益稳固,"模型即服务"产业生态的日益完善,2030年中国AIGC产业规模有望突破万亿元。

为了进一步规范AIGC的应用及健康发展,使其真正成为推动数字社会变革的关键支撑,2023年7月,国家发展和改革委员会、教育部、科学技术部、工业和信息化部、公安部、国家广播电视总局联合发布了《生成式人工智能服务管理暂行办法》,对技术发展与治理、服务规范、监督检查和法律责任等都提出了明确的规定。这标志着生成式人工智能的发展被纳入法治化、规范化的发展路径和框架体系内。

第二章

AIGC 的技术基础及内容生成模式

本章主要从技术发展的视角，全面梳理 AIGC 的技术基础，以及内容生成从 PGC、UGC 到 AIGC 的演进过程，进而分析 AIGC 内容生成的过程及价值要素。

从技术层面来看，AIGC 作为一种与人工智能和网络信息技术紧密相关的技术引用及内容创生形态，正是利用先进的人工智能算法，尤其是借助机器学习和深度学习等技术，改变了传统的内容生成方式，实现了内容生成和传播的智能化。其中，算法可以视为其核心要素。除此之外，算力和数据也是影响算法和技术迭代的关键因素。因此，算法、算力和数据是推动 AIGC 发展的基本技术要素（见图 2.1）。而 AIGC 的不断成熟，也将彻底颠覆传统的内容生产、分发与消费模式，从价值链维度助力内容生成与传播相关产业的升级和重塑。

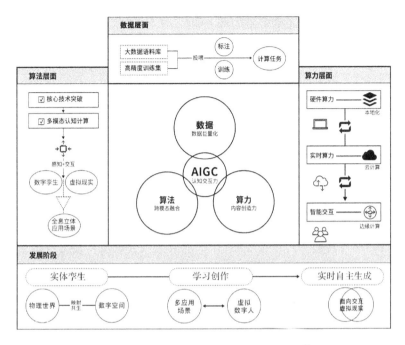

图 2.1 AIGC 三要素支撑下的发展阶段[①]

第一节 AIGC 相关的技术概念

　　AIGC 的爆发与繁荣离不开关键技术的支撑,其中自然语言的处理可以有效提升 AI 的理解与内容生成能力,而深度学习能力的不断升级则为 AIGC 提供了更多的算法模型,有了这些技术的支撑,就可以让 AIGC 更具创新能力,多模态交互技术则在全方位的人机交互方面更进一步。因此,AIGC 技术的核心思想就是利用人工智能算法来生成更具创意和内涵的高质量内容。而作为技术使用者的人,在其中

---

① 李白杨,白云,詹希旎,等.人工智能生成内容(AIGC)的技术特征与形态演进[J].图书情报知识,2023,40(1):66-74.

· 31 ·

发挥的主要作用就是通过输入的条件或指令,助力机器开展更丰富的模型训练和数据学习活动,以生成与条件或指令相关度更高的内容。综上所述,AIGC 的核心价值即在于借助人机互动的不断深化与探索来实现创新,而非简单意义上的技术取代人工。

一、机器学习与深度学习

机器学习作为人工智能技术的核心议题,以研究机器如何模拟和实现人类的学习行为为目标,是机器模拟、延伸和拓展人工智能的一条路径。在具体的实现过程中,计算机通过从数据中自动发现模式和规律来做出决策。它会涉及多种算法和技术,例如概率论、统计学等,对大量的数据进行拟合,然后利用迭代优化后的模型得到分类或者回归等任务的结果,最终实现指导和改进现实中的任务。因此,机器学习的基础就是数据训练,大数据技术对于机器学习的支撑尤为重要。机器学习可以分为监督学习、无监督学习、半监督学习、自监督学习、强化学习和深度学习等多种类型。

1. 监督学习(Supervised Learning)

监督学习就是机器学习模型使用的训练数据有标签,即保证每个样本对应的结构都是已知的。模型每次输出的结果都可以和真实值进行比对。监督学习应用的典型场景就是对垃圾短信或垃圾邮件进行识别,识别的前提就是前期数据的标记。虽然监督学习的效果不错,由于以前期数据标签作为依据,前期数据标签是开展监督学习的前提和基础,而这项基础性工作往往需要投入大量的人力和时间成本,因此其弊端也就显而易见了。

2. 无监督学习(Unsupervised Learning)

作为一种强有力的数据分析工具,相较于监督学习,无监督学习能够在没有明确指导的情况下挖掘数据的内在规律和特征,即不依赖标记的数据来训练模型,其核心价值在于挖掘数据本身的特性。对于发现和识别隐藏的模式和数据的相似性具有十分明显的优势。目前已经应用于用户画像、市场细分、社交网络分析、图像分割等领域。

在无监督学习中,主要包括聚类和降维两种算法。其中聚类就是对数据进行分组,使同一组内的数据彼此相似,而不同组的数据呈现较大差异,由此实现归类和区分。降维就是把高维数据转化为低维数据的过程。降维之后模型的准确度不变,但大小会被压缩,可以有效缩短训练和预测时间。简单来说,其实现原理就是保留最重要的信息,减少数据的复杂性。当前,随着技术的迭代,无监督学习领域也出现了如自编码器、对比学习和特征重构等新的方法。

3. 半监督学习(Semi-Supervised Learning)

半监督学习是介于监督学习和无监督学习之间的一种方式。它同时借助标注数据和未标注数据开展模型训练。其核心思想是同时使用两种数据,减少标注成本,利用未标注的数据来增强模型的泛化能力。半监督学习的历史可以追溯到 20 世纪 70 年代,如自训练、直推学习、生成式模型等都属于半监督学习算法。

4. 自监督学习(Self-Supervised Learning)

自监督学习是指利用辅助任务从大规模的无监督数据中挖掘自身的监督信息,然后通过这种监督信息开展训练,从而学习到对下游任务有价值的表征的一种机器学习方法。自监督学习虽然需要标签,但不同于监督学习的标签由人工来标注,自监督学习的标签来源于数据本身。自监督学习可以根据上下文、时序、对比等方法实现任务。ChatGPT 使用的"预训练＋微调"技术就是自监督学习的典型应用,其中微调就属于下游任务。

5. 强化学习(Reinforcement Learning)

强化学习属于神经网络、深度学习的产物,介于监督学习和无监督学习之间。但与监督学习和无监督学习不同的是,强化学习不依赖标签数据进行训练。它通过观察环境状态和反馈来学习最优策略。在强化学习中,智能体(agent)与环境(environment)的互动过程中,智能体通过尝试不同的行动(actions)获得不同的反馈,实时更新下一步的状态,其目标是找到一种策略,使得智能体在特定环境下获得的总奖励最大化。

从过程来看,强化学习是一种能够有效解决在环境交互中学习的问题以实现长期目标的方法。这种模式是所有机器学习方法中最接近人类学习的方式,也是目前最可能实现通用人工智能的方法,目前强化学习已经在游戏、自动驾驶、机器人控制等领域得到了应用。ChatGPT 更是在强化学习技术上更进一步,采用人类反馈强化学习技术进行探索,即利用人类用户给出的反馈信号来直接优化模型。也就是说随着越来越多的人使用 ChatGPT,模型可以实现不断地超越和优化,ChatGPT 的表现也会越来越先进。

6.深度学习(Deep Learning)

深度学习是机器学习的一个分支,是随着大数据时代的到来和计算机算力水平的突飞猛进而出现的。深度学习是通过不断地向机器提供数据来实现训练的目标,因此对数据的类型以及体量要求都会非常高。在计算机视觉和自然语言处理等领域的优势十分突出。上述五种机器学习的方式都可以算作深度学习。

深度学习的发展可以追溯至 20 世纪 40 年代,其灵感来源于人脑的工作方式。科学家们发现人类大脑的思考、记忆等工作都是通过神经元彼此连接来实现的。神经元的具体工作机制是人在受到外部刺激(如声音、图像等)时,这些刺激都会变成信号传递给树突。树突在接收到这些信号后,会通过一定的介质激活神经元,随后通过长长的轴突,将信号传递给下一个神经元的树突,如此传递下去,激活一个又一个神经元。受此启发,科学家们通过人工神经网络来模仿人类神经网络进行信息处理,这就是人工神经网络(Artificial Neural Network)。

人工神经网络作为可以帮助计算机进行识别模式并模拟人类智

能的工具,20 世纪 80 年代被引入人工智能领域,但直到 21 世纪初,这种方法仍然未能取得广泛的应用。仅有少数对该技术抱有信心的坚持者,仍然坚持使用这种方法,并最终点燃了人工智能社区对神经网络的兴趣,取得了巨大的进步与成就。约书·本吉奥(Yoshua Bengio)、杰弗里·辛顿(Geoffrey Hinton)和杨·勒邱恩(Yann LeCun)三人既是上述"坚持者",也是人工神经网络领域最具代表性的科学家;既有各自独立的研究,又有相互间的合作(见图 2.2)。他们为人工智能领域发展提供了概念基础,并为证明深度神经网络的实际优势做出了巨大贡献。2018 年 ACM(国际计算机学会)决定将当年的 ACM A. M. 图灵奖授予约书亚·本吉奥、杰弗里·辛顿和杨乐昆三位深度学习之父,以表彰他们给人工智能带来的重大突破,这些突破使深度神经网络成为计算的关键组成部分。

图 2.2　深度学习三巨头:杨·勒邱恩(Yann LeCun)、杰弗里·辛顿(Geoffrey Hinton)、约书·本吉奥(Yoshua Bengio)

资料来源:国家自然科学基金委员会

https://www.nsfc.gov.cn/csc/20340/20289/36905/index.html。

深度学习的核心是神经网络,特别是深度神经网络,即包含多个隐藏层的神经网络。换言之,深度学习可以被理解为计算机要学习的对象是一大堆数据,需要将数据进行多层级的分类,这时就需要一个复杂的数据处理网络,即深度的神经网络(DNN),以检测网络处理的结果是否符合要求。如果符合则保留,如不符合则继续调整网络参数,直至得到满意的结果。总体来看,深度学习的主要优点可以概括为学习能力强、适应性强、数据驱动能力强和可移植性强;但缺点也十分明显,就是计算量大、硬件要求高、模型设计复杂、容易产生偏见等。

21 世纪初,随着大数据、计算能力和算法的进步,深度学习取得了突破性的进展。2006 年被称为"深度学习元年",深度学习在这一年迎来了爆发式增长。2009 年,深度学习开始被应用于语音识别领域。2012 年,深度学习开始被视为神经网络的代名词。2014 年 Facebook 开发的深度学习项目 DeepFace 在人脸识别方面的准确率达到了 97% 以上。2016 年,基于深度学习的 AlphaGo 在人机对战中战胜了人类顶尖棋手李世石,在全世界引起轰动,深度学习由此为世人所共知。2022 年,ChatGPT 的出现,标志着深度学习迎来了全新的发展阶段。

目前,深度学习已经成为人工智能领域的主流技术之一,随着数据资源的不断拓展,深度学习的价值还将被进一步激发出来,赋能人工智能技术的进阶(见图 2.3)。

图 2.3　人工智能、机器学习与深度学习的关系

二、自然语言处理

自然语言处理(Natural Language Processing，NLP)是人工智能的一个重要分支领域，是一种借助构建算法让计算机能够理解、分析和生成人类自然语言的技术，其目的是让机器能够理解人类的语言文字，从而对普通人输入的指令作出准确的反应。自然语言处理包括自然语言理解(Natural Language Understanding，NLU)和自然语言生成(Natural Language Generation，NLG)两个部分，前者是前提和基础，后者可以通过让计算机生成自然语言实现人机互动，两种技术赋予了 AI 生成与理解能力。常见的语音识别、文本翻译、文本生成、情感分析、知识图谱、机器翻译、聊天机器人等都是自然语言处理的典型应用。

(一)自然语言理解

自然语言理解是帮助计算机理解文本内容的核心技术，是 AIGC 内容生成的前提和基础，只有充分理解人类的语言及其内容，才能够准确作出反应，完成任务。

以一个完整的系统反应过程为例，自然语言理解的过程通常包括文本理解、文本摘要、情感分析、文本翻译和系统回应五个基本步骤。

1. 文本理解

AI 会根据给定的内容进行主题分类，通过有监督学习，提供具有标注的训练和待测试的测试集，通过训练准确提取信息、理解内容，然后应用于测试集的分类任务中。

2. 文本摘要

在理解的基础上，AI 会借助自然语言理解技术提取文本的主要内容，生成摘要。此时的摘要也分为两种，一种是生成式摘要，一种是提取式摘要。生成式摘要是 AI 根据文本的主要内容，不借助文本当中的词句形成的内容概括；提取式摘要是 AI 直接从文本中提取关键词,经过语言组织形成的摘要。从具体过程来看,生成式摘要比提取式摘要更复杂,也更接近人类思维的过程。

3. 情感分析

情感分析作为自然语言处理的关键环节,对情感的分析会直接影响系统回答的准确性。AI 会继续借助语言理解技术对语句中的情感词汇进行判断,理解语句的情感偏向。同时借助情感语料库,对语句中的情感词汇进行加权组合,以更好地把握整个句子以及整个文本的情感偏向,当然也可以利用有监督学习,借助标注数据训练情感分类来实现情感分析。

4. 文本翻译

文本翻译是自然语言处理中应用频率最高的场景之一。人们常用的语言翻译就是文本翻译的典型应用。语言转换的过程,实质上就是一种序列到另一种序列的映射,通过人工标注数据集实现。

5. 系统回应

不同于传统的搜索引擎,根据用户输入的关键词,对检索到的内容仅依据相关性进行由强到弱的排列,然后由用户选择相关内容浏览。自然语言系统可以直接为用户提供最准确的回答,减少了浏览环节,提升了搜索的效率。

通过上述过程不难发现,AI 的自然语言处理,实际上是通过分析、理解人类语言内部的逻辑关联,发现语言背后所反映的真实世界,这一过程与人类认知、理解的过程极为相似,这也是自然语言处理技术之所以能够成为 AIGC 核心技术基础的关键原因。

(二)自然语言生成

自然语言生成是将计算机生成的数据转换成人类可以理解的语言形式的过程。自然语言生成相较于自然语言提取要更复杂,但可以有效提高人机互动的效率。

自然语言生成主要包括"文本到语言"和"数据到语言"两种形式，自然语言生成的过程一般包含内容确定、文本结构、语句组合、语法调整、参考表达、语言实现六个步骤。

1.内容确定

自然语言生成通过对文本的解读，确认需要最终呈现在结果中的内容，据此完成信息的筛选。

2.文本结构

自然语言生成在确定内容后，会对文本顺序进行必要的调整，而非按照原本语序固定不变。

3.语句组合

自然语言生成会对语句进行合并，从而使语言更加简洁明了。

4.语法调整

自然语言生成会通过语法的使用，使表达更流畅，更符合人类的语言表达方式，而非生硬的关键词组合。

5.参考表达

在理解的基础上，将文本放入恰当的语境和专业领域中，通过比对专业词汇，生成更加精准的表达，有效避免歧义的产生。

6.语言实现

确定好表达的词语和句子后，组合成完整意义的表述进行输出。

自然语言生成具有高度的凝练、概括和语言生成能力，拥有巨大应用潜力和前景，可以助力人机交互在更多的场景中发挥更大的价值。

三、AIGC 生成算法

生成式 AI 的出现，是 AI 创作能力提升的关键动能，大量优质数字化内容的生成，是助力 AIGC 进入产能爆发期的重要资源。

(一)生成式 AI

生成式 AI 是借助机器学习对已有数据进行学习,然后创造出全新的、具有原创价值的内容。生成式 AI 的应用范围十分广泛,目前已经应用到内容创作、艺术设计、虚拟助手、个性化推荐、游戏开发等领域,并得到市场认可与青睐。

在传媒领域,生成式 AI 已经用于文本纠错、语音转文本、文本转语音、智能图像编辑、智能视频剪辑等,不仅提高了内容的质量,还节约了劳动成本和时间成本,无论对专业机构还是个人而言,都为传播内容的生成提供了一种新的可能;对传统的内容生产方式而言,是一种革命式的颠覆。通过用户不断的使用,算法还会不断学习,生成更多更具创意性的内容。随着 AI 算力水平和数据储备的不断升级,未来生成式 AI 或可拥有独立的创作设计能力,从而替代一部分内容生产者的工作。

在垂直领域,生成式 AI 已经能够生成代码。生成式 AI 可以直接将自然语言快速翻译成代码,从而实现了计算机编程的智能化。这不仅提高了专业人员的开发效率,还降低了技术开发的门槛,让普通人也有机会参与到一定形式的技术开发当中。以全球闻名的 ChatGPT 为例,它不仅能够将自然语言转换为代码,还能对代码进行纠错,并进行完善。

但生成式 AI 的应用也存在隐患,例如抄袭风险。由于生成式 AI 多以曾经训练过的模型为主,是对已有数据进行复制粘贴的结果,用户很难对这些碎片化的信息溯源,因而生成的内容也存在抄袭的嫌疑。

(二)分析式 AI

相较于生成式 AI,分析式 AI 更侧重于对数据的分析挖掘,主要指应用人工智能技术对复杂的数据和信息进行分析和理解的方法。这些数据既包括结构化数据,如表格、数据库等,也包括非结构化数据,如文本、音频、图片和视频等。除了对数据现状进行分析,分析式AI 还可以实现识别模式、趋势和异常等功能,从而为用户提供决策参考。因此,分析式 AI 更适合应用于用户画像分析、系统推荐、系统比对和预测统计等场景。

在电子商务领域,商家可以通过分析式 AI 深度挖掘并分析产品与用户之间的关系,分析用户的消费行为及特点,从而将用户满意的产品推荐给用户,实现产品与用户的精准匹配,提升产品销售效果的同时也可以提升用户的体验感,增加用户黏性,提升品牌的影响力和口碑。除此之外,分析式 AI 还可以帮助商家通过对用户评价与反馈的分析,从中了解用户的情感偏向,提供定制化的服务;通过对销售数据的分析,构建预测模型,预测销售规律并把握销售良机。

分析式 AI 也存在一定的弊端,例如无法对数据进行精准判断,对于数据分析准确度要求较高的领域就无法满足要求,如智能建造、智慧医疗等场景。另外,由于分析式 AI 对数据依赖性过高,其对于数据量不足的未知领域无法实现应用,如科考、探险等领域。

综上所述,生成式 AI 更倾向于在已有的数据和知识基础上进行建模和创新,而分析式 AI 更注重数据分析与反馈,倾向于利用已有模型的数据不断校验和试错,试错过程越多,判断则越准确。二者原理不同,应用领域也不同,但并不意味着二者不可以同时应用。

四、大模型

(一)大模型的定义及主要特征

大模型的全称是大型语言模型(Large Language Model,LLM),也被业界称为基础模型或基石模型。大模型主要指通过在大规模宽泛的数据集上训练后能适应一系列下游任务的模型。具体过程就是在无标注的大数据集上采用自监督学习的方法进行训练,之后只需要根据场景的变化,对模型进行微调或二次训练,便可以适应新场景的需要。从这个意义上来说,大模型训练提升的是机器的"通用"和"迁移"智能,这和人类的逻辑推理学习能力十分相似。因此,大模型可以让下游的小模型受益,大幅提升人工智能的应用效果(见图2.4)。

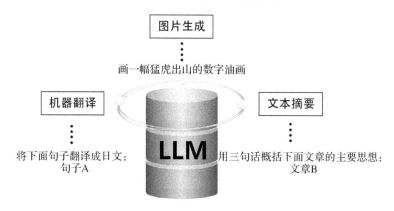

图 2.4　大型语言模型[①]

资料来源:科大讯飞的讯飞星火认知大模型平台登录界面。

大模型起源于自然语言处理领域,目前的大模型也主要集中于自然语言处理领域,Transformer 网络架构是该领域的基础性架构。大模型兼具"大模型"和"预训练"两种属性,建模前需要对海量通用数据进行预先训练。因此,大模型的发展离不开大数据的支撑,大数据凭借其大量性、多样性、高速性及价值密度低等特性与优势,为大模型提供了最为坚实的数据基础,也正是拥有了这些海量数据参数,大模型才成为真正意义上的"大"模型。从参数规模上看,大模型先后经历了预训练模型、大规模预训练模型和超大规模预训练模型三个阶段,参数已经从最初的几亿上升到千亿、万亿规模,正是如此规模的数据预训练,才真正推动了人工智能的泛化性、通用性和实用性,所以大模型也被视为人工智能迈向通用的关键技术(见图2.5)。

① 朱光辉,王喜文.ChatGPT 的运行模式、关键技术及未来图景[J].新疆师范大学学报(哲学社会科学版),2023,44(4):113-122.

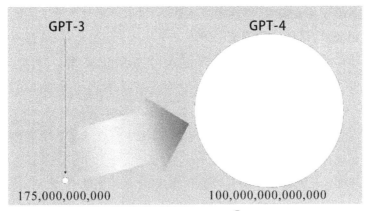

图 2.5　大量的数据[①]

从最初单一模态下的单一任务,到今天可以胜任多模态下的多任务,大模型正在不断突破传统 AI 应用过程中存在的诸多壁垒,为上层应用提供技术底座与支撑,使人工智能朝着更加智能的方向加速迈进。目前,中国和美国研发的大模型数量占全球总数的 80% 以上,中国大模型数量排名仅次于美国。我国前期在人工智能领域的各项部署为大模型发展奠定了坚实基础,已经拥有涵盖理论方法和软硬件技术的体系化研发能力,形成了紧跟世界前沿的大模型技术群。中国国家数据在中国发展高层论坛 2024 年年会上发布的数据显示,中国 10 亿参数规模以上的大模型数量已超 100 个。

(二)预训练大模型

预训练大模型是深度学习的一次重要变革,其核心优势在于"大算力＋强算法"的结合应用。预训练大模型是预先训练好的模型,通过对大量数据的挖掘与学习,进入了可大规模量产的落地阶段,极大降低了建模和训练的成本,这就在很大程度上降低了 AI 开发的门槛,因此被业界誉为促成 AI 真正走向通用的关键技术。在应用领域,预

---

① 朱光辉,王喜文.ChatGPT 的运行模式、关键技术及未来图景[J].新疆师范大学学报(哲学社会科学版),2023,44(4):113-122.

训练大模型借助庞大、多样的场景数据,可以训练出适用于不同场景的通用能力,使预训练大模型能够适配各种全新的场景,从而有效解决了 AI 多样化的需求问题,降低了 AI 应用落地的门槛。

AI 的发展离不开大数据和算法的支撑,二者犹如 AI 发展的一体两翼,无论是缺少高质量的数据,抑或缺少强大的算法支撑,都无法推动 AI 的发展。况且二者还互为支撑,训练的前提正是高质量和高体量的数据。

预训练大模型是多种技术的结合,深度学习算法、大数据、超级计算能力、自监督学习等都有涉及。因此,预训练大模型不仅可以处理多种类型的数据,还可以处理高级别数据。与传统 AI 模型开发模式相比,预训练大模型更具有通用性,能够改变传统 AI 通用性差的问题,如传统模型只对应单一领域,在其他领域无法应用,预训练大模型可以实现多个场景的广泛应用,因其模型具有泛化能力,因而更具通用性和实用性。例如 Transformer 大模型,该模型是基于自监督学习的利用大规模文本学习众多语言的预训练模型。又如 GPT 系列,也是典型的预训练大模型,它的核心技术是"预训练+微调"。同时随着GPT 系列的不断迭代,预训练模型正在成为人工智能的主流范式。预训练大模型解决了 AI 通用性的难题,未来还将推动 AI 朝着便捷化、高效化的方向持续进化(见图 2.6)。

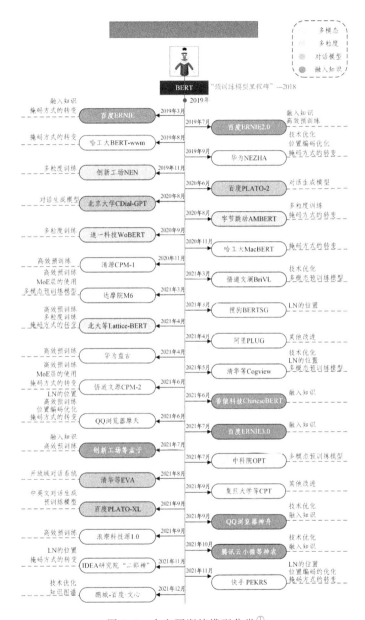

图 2.6　中文预训练模型分类①

---

①　侯钰涛,阿布都克力木·阿布力孜,哈里旦木·阿布都克里木.中文预训练模型研究进展[J].计算机科学,2022,49(7):148-163.

五、多模态交互技术

(一)多模态模型的定义

日常互动中最常见的两种模态是视觉与文字。视觉模型提升 AI 的环境感知能力,文字模型帮助 AI 获得认知提升。但这还远远不能满足数字时代的传播需求,多模态由此得到关注与发展。多模态交互技术融合了多个学科的知识,包括认知心理学、人机工程学、多媒体技术和虚拟现实技术等,通过模拟人与人之间的交流方式,达到更自然、更直观、更有效的人机交互效果。多模态交互技术也被视为一种感官融合技术,用户在人机交互的过程中,可以通过语音、文字、视觉、动作进行人机互动,从而提升互动的真实感,甚至让人感觉不到是在与机器对话,仿佛是人与人之间的互动,以此推动互动的深入(见图 2.7)。

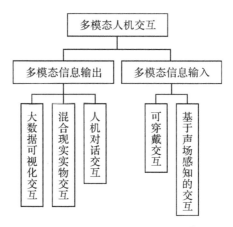

图 2.7　多模态人机交互示意[①]

<hr>

① 陶建华,巫英才,喻纯,等.多模态人机交互综述[J].中国图象图形学报,2022,27(6):1956-1987.

多模态模型拥有两种典型能力,一是挖掘并梳理不同模态数据之间的内在关系,如将文字与内容相关的图片联系起来;二是实现数据在不同模态之间的相互转换,如将文字内容生成对应的图片。由此可见,多模态模型的工作原理其实就是将不同模态的数据放到相似或相同的语义空间中,通过分析和理解,在多个模态之间寻找不同模态数据之间的对应关系。目前,多模态技术在机器人领域已经得到了广泛应用。新冠疫情期间,为了保持一定的社交距离,很多服务行业启用机器人代替普通人完成基础的迎宾、讲解、咨询、娱乐等服务。这些机器人主要就是借助多模态交互技术,对用户的肢体、语言、动作等做出反应,并为用户提供基础的互动与服务。

(二)多模态模型的应用领域

1.计算机视觉

在计算机视觉领域,多模态模型的应用可以有效提高视觉数据的理解和分析能力,还可以改善图像和视频处理的准确性和可靠性。

在多模态模型中,虽然不同的感官输入被表示为不同的模态,但多模态模型可以通过使用特征融合、模态对齐、跨模态共享等方法,联合学习不同模态之间的数据关系,来实现更加准确的理解,从而使计算机能够更好地模拟人类的感官输入。因此,在计算机视觉领域,多模态模型已经被应用于图文匹配、图像分类、文生图、图生文等,并取得了良好的效果。

2.语音识别

语音识别是将语音信号转化为文本和其他符号形式的技术,目前已经成为人机交互技术最成熟的应用之一。传统的语音识别技术主要以声学模型和语言模型作为技术基础,但受制于模型本身的精准度,识别率不高的问题时有发生,特别是当语音信号中出现噪声、发音不标准等问题时,多模态模型的引入,极大改善了识别的精准度问题。

在语音识别的实际应用中,常见的应用是将语音信号与视频图像相结合,视频当中的图像信息可以为语音识别提供辅助和参考。还有语音转文字的过程中,可以通过同时输入语音信号和文本信息,将文本信息作为语音信号的上下文进行参考,从而有效避免歧义,提高识别的精准度。

3. 自然语言处理

首先,在自然语言理解的过程中,多模态模型可以综合图像、视频、语音等多种模态的信息来增强对文本的理解。例如多模态模型可以结合图像和文本的分析来给出问题的回答,更进一步,还可以通过对信息的融合分析给出推理和预测。

其次,在自然语言生成过程中,多模态模型可以使用多种模态的信息来生成更契合的自然语言文本。例如在字幕生成任务中,多模态模型就可以通过音频和视频的结合,提高字幕生成的准确度。

4. 智能推荐

多模态模型还可以应用于智能推荐场景当中。随着电子商务、社交媒体、在线教育等互联网产业的不断发展,精准的用户分析与个性化产品服务成为商家提升品牌竞争力的重要策略。多模态模型可以从多个数据模型中分析并总结用户特征、消费行为以及用户与产品的关系,从而帮助商家更精准地了解用户兴趣和偏好,并在此基础上进行更加精准的推荐。例如在社交媒体当中,多模态模型不仅可以分析用户在社交媒体上分享的内容,了解他们的兴趣、爱好等,还能对其分享方式、分享习惯、分享效果(如评论、点赞、转发等)做出全面的分析,从而为用户推荐他们更感兴趣的内容,有的放矢提升内容的可及性。

第二节　从 PGC、UGC 到 AIGC 的变迁

信息技术的发展将人类社会带入了数字文明时代，技术的进步也带来了社会各个领域生产力的爆发。随着互联网成为人类社会传播的重要场域，内容作为人与人连接的关键要素，已经成为社会互动过程中人们进行生产和消费的主要精神产品。新技术、新场域带来的社会互动形式、内涵和需求的变化，势必带来内容生产力、生产关系以及生产方式的变化。

一、PGC：专业生成内容

PGC(Professional Generated Content)指专业生成内容，这些内容通常具有较高的质量和专业性，即通常由专业机构和专业人士生成的内容。这些专业机构和专业人士既包括电视台、广播电台等传统媒体机构及机构内的专业人员，也包括小型的影视工作室、独立制作人等非传统媒体组织和个人。专业生成的内容往往按照严格的专业标准、流程进行编辑、制作和传播。这些内容在制作上往往更精良，在内容的准确性、可靠性以及深度上也更胜一筹。

从 PGC 出现的时间来看，在前互联网时代以及整个 Web 1.0 时代，PGC 几乎始终占据着内容生产方式的主流地位。大众媒体和第一代网络媒体上所传播的内容，基本上都是专业人士经过专业的训练、遵循专业的规则、通过专业的渠道，经过专业的整合、加工、审核流程后发布的，以确保整个内容生产与传播流程的专业化。如大众媒介时代的新闻报道、电影、电视剧、图书、杂志等，都是诸如作家、导演、记者、编辑、摄影师、制片、摄像师等专业人士，按照专业的要求、标准和

流程精心设计、策划、制作、剪辑、编辑而成的。在 Web 1.0 时代,互联网上的大多数内容也都是 PGC 模式生产的,如浏览器、搜索引擎、门户网站等提供的基本是 PGC 形态的内容。此时内容生产的主体还包括互联网平台和商业机构,这些机构和平台通常具有较强的内容生产力,能有效解决网络时代由传播时间观变化带来的内容需求量激增问题,同时平台和商业机构可以有效保证内容的专业性和质量,它们通过提供高质量专业内容实现商业利益和社会价值。互联网的商业化可以被视为推动 PGC 发展的重要动因,门户网站、互联网平台的大量涌现,势必在平台间造成竞争的压力,开始撼动传统大众媒介时代内容生产主体中心观,转而思考用户的需求。用户中心观的确立,从根本上催动了内容生产方式、生产形式以及传播方式的变革。

综合看来,PGC 由于强调专业素养、专业知识和专业技能,一定的专业门槛有效保证了内容生产的质量。其优势也十分明显,即专业性强、可信度高、易变现等,其中专业性除了生产过程的专业性,更重要的还有内容所提供观点、见解和知识的专业性;可信度高则既有赖于平台和机构的权威性,也有赖于其对专业知识信源出处的深度挖掘。PGC 输出的高质量内容,对行业发展、学术研究等专业领域的发展都具有重要的价值。

但 PGC 的劣势和短板也很明显,例如 PGC 模式的产能和效能通常比较低,制作成本较高,往往需要投入大量的人力、物力、财力,制作周期也会比较长,很难满足用户多样化、即时性、个性化的需求。而在以个性化、多元化和强互动性为标志的社交媒体时代,专业生成内容往往不及海量用户产生的内容更吸引人,无论用户黏性、精准匹配都不及 UGC(User Generated Content)。因此,PGC 必须不断保持发展和创新,才能更好地适应不断变化的传播场域与新媒体用户的互动需求。

事实上,无论是 UGC 占据模式的 Web 2.0 时代,还是人工智能技术高速迭代的当下,PGC 模式在内容传播的场景中从未缺席过,只是其曾经的主流地位不再,同时专业生产内容的方式也发生了新的融合和变体,比如专业用户参与的内容生产,即 PUGC(Professional User Generated Content),这一概念率先由国内数字音频领域提出,后延伸到视频内容生产领域。有学者研究发现,PUGC 视频生产模式的主流策略主要有以下几种:一是以 UP 主本人为核心的视频内容,利用专业团队辅助内容生产,以内容作者共同体的身份参与平台发布流程(例如"李子柒"系列、"意外艺术"系列);二是由专业视频内容团队直接生产内容以作者身份在平台发布(例如"回形针"科技测评系列、"影视飓风"汽车测评系列);三是 UP 主本人通过平台专业技能培训或自行学习,生产专业内容在平台发布(例如"茶儿君梦二"系列、"西瓜"考研视频系列)。①

PUGC 的出现与移动互联时代用户生成内容(UGC)取代专业生成内容(PGC)成为内容生成主流方式息息相关。随着移动互联技术和智能终端技术的普及,以关系建立为目标和价值旨趣的社交媒体平台不断涌现,短视频、网络直播、信息分享等成为用户建立社交关系的重要方式。为了提升个人形象,提升互动与社交的效果,新媒体用户已经不再满足于基础的内容创作或者质量不高的"非专业"内容分享行为,转而向着专业化的方向不断提升个体,让自己的内容生成在保留原有个性化特征的同时,也兼具专业赋能的技术、视角、思维、品质、运营等优势,真正实现了集 PGC 和 UGC 的优长于一体的专业PUGC。今天广受新媒体用户欢迎的喜马拉雅、网易云音乐、哔哩哔哩、抖音、快手、微信等平台都可以看到大量专业用户生成的内容。

PUGC 的出现,一方面提升了用户内容生产的质量,另一方面延展了内容生产的广度,不同专业水平的内容生成让内容的包容性更强,面向度也更多元。用户作为内容生产者的创造性潜力得到了最大

---

① 田元.智识的协商:PUGC 视频社区知识类作者的内容生产[J].新闻界,2021(2):75-84.

限度的激发。同时作为内容消费者的用户,由于内容供给的高度个性化、多元化,也在内容消费的过程中得到了充分的满足,并借此形成了良好的用户生态和平台黏性。这也可以被视为专业用户生成内容能够成为日益重要网络内容生产方式的重要原因之一。

此外,今天的 PUGC 当中的专业化,除包含内容生产技术、手段、质量的专业化,也包括专业化的运营。专业机构的加入既可以为用户的内容生产提供专业的指导和制作,还能为用户生成内容的传播和变现提供专业的意见,使其朝着商业化的方向迈进,并最终发展成为具有商业和营销职能的实体或组织,创造更大的商业价值。

二、UGC:用户生成内容

UGC 指用户生成内容。由于语言使用和表达习惯的不同,国外学界也有使用"Consumer Generated Content"或"User Created Content"表达近似的含义,主要用于强调是媒体使用者或者用户,而非媒体经营者或者掌管创建或创造的内容,是伴随着互联网的发展而形成的一种网络信息资源创作与组织模式(见图 2.8)。UGC 是同 PGC 相对应的概念,强调的是用户的主导角色和价值,因此具有明显的碎片化、广泛性、多样性、个性化、即时性、强互动、接近性等特点。

UGC 是互联网产生之后用户参与信息传播行为和交流活动的结果,是用户创造力的重要表现,而这实际与互联网的分布式网状结构和去中心化的基础传播逻辑密切相关。它随着互联网的普及而产生,随着 Web 2.0 的兴起而兴盛。表面看随着互联网的普及,网络用户逐渐增多,对个性化内容的需求也随之增加。同时,由于互动方式和渠道的增加,网络用户已经不满足于单纯的信息接收,而是更加积极地参与到内容的生成过程当中。移动互联技术的成熟和社交媒体的兴起,让越来越多的用户从内容的消费者转变为内容的生产者和提供者,互联网也由此迎来了用户创作内容与专业生成内容共舞的时代。

　　从最初的社交网站到后来基于网络门户平台的网络社群、个人门户,如网络论坛、博客、社交网站、微博、网络百科全书、网络直播、短视频等,UGC 作为一种内容生产模式,已经成为互联网中用户连接、互动和获取信息的重要来源,并朝着多元融合的方向持续发展。对于上述传播现象的出现,经济合作与发展组织(OECD)(2007)认为,UGC 具有三个基本特征,即互联网上公开可用的内容、内容的创新性、强调普通用户的创作。① 也有学者研究发现,事实上大部分 UGC 并未严格遵循这些特性,同时这些特性从很大程度上制约了研究的情境。因此,提出了更为广义的 UGC 概念,认为 UGC 既可以理解为用户创造的静态网络信息资源,也可以理解为用户生成创作的动态行为模式,更可以从生态的层面将 UGC 诠释为一种秩序,这种秩序与用户群、社会网络、传播渠道、网络/虚拟社区密不可分。②

图 2.8　UGC 研究的关键词聚类③

　　关于 UGC 的内涵,学界也经历了一个不断丰富和发展的过程。其中讨论的焦点主要围绕用户产生。在 UGC 概念诞生之初,生成内容的"用户"被认为是非媒体从业人员,生成的内容也是通过非专业手

　　① OECD. Partici Pativeweb: Use-Created Content[R]. Paris: Wikis & Social Networking, 2007:11-15.
　　② 赵宇翔,范哲,朱庆华.用户生成内容(UGC)概念解析及研究进展[J].中国图书馆学报,2012,38(5):68-81.
　　③ 赵宇翔,范哲,朱庆华.用户生成内容(UGC)概念解析及研究进展[J].中国图书馆学报,2012,38(5):68-81.

段创作的,没有组织机构或是商业介入。但实践的发展经验证明,上述限定显然具有其局限性。首先,并非所有的内容提供者都是以个体形式出现的,内容生成的主体带有明显的多样性,个体、组织和社会群体都是 UGC 内容生成的参与者,同时这些主体的角色并非一成不变,而是存在潜在的转化及演变。其次,很多用户都是非媒体的或者是非专业人士,同时产生的内容同样具有专业化、商业属性。因此,UGC作为一种内容生产模式,代表的是一种多元主体参与的价值彰显,很多内容带有明显的协作痕迹,是互联网扁平化、开放性、节点化的属性造就的所有平台参与者、使用者价值的一种爆发,目前 UGC 更广层面上代表的是一种理念、一种开放的态度、一种参与的价值,被广泛应用于各产业、各领域之中,并取得了丰富的成效。

但也需要明确的是,不能把 UGC 的出现与蓬勃发展简单归因为媒介技术的发展,斯坦福大学教授弗雷德·特纳(Fred Turner)在其《数字乌托邦》一书中就曾提出,反文化运动中表现出来的自由至上主义也是推动 UGC 文化发展的主要动因。随着互联网个人门户时代的到来,博客、维基、论坛、播客等服务于个人内容传播的平台纷纷涌现,去中心化的网络结构和媒介赋权让个体拥有了更多的媒介接触机会与权力,加上内容传播技术门槛的降低,让包含代表个体声音、态度、观点的内容借助媒介平台在社会层面得以传播、放大,特别是社交媒体时代的到来,社交和分享成为传播的主要动力,UGC 作为内容生产模式的价值得到前所未有的凸显。从最初简单运用文字、图片记录、分享个人的生活点滴,到成熟运用各种专业软件、文字、图片、视频等多媒体形式记录,表达个人观点、见解,分享知识,并借此实现赚取流量、引发围观、流量变现等商业目标,甚至成功创造个人 IP,打造现象级作品或传播现象,引发社会关注、引导舆论风向,UGC 不仅成为网络时代释放个体价值的活性剂,也是推动内容生产方式变革的催化剂。

虽然 UGC 这一内容生产方式具有巨大的传播潜力和商业价值,

但也存在一些问题。如 UGC 的质量参差不齐,有些内容甚至存在不准确、不真实、不全面等问题,低质、违法、违规等内容传播行为也时有发生,再如侵犯他人版权、恶意制造虚假信息、散布和传播网络谣言等行为,都给社会化媒体平台和整个社会造成了不可低估的负面伤害和损失。因此,这就需要在保证 UGC 发展的开放性同时,提升用户数字素养,通过技术、法律等手段,强化对内容的筛查机制、监管机制,帮助UGC 实现良性的发展,并在数字时代发挥更重要的作用,真正成为推动内容创新的持久动力。

三、AIGC:AI 生成内容

随着人工智能技术的快速迭代,AI 通过深度学习、自然语言处理、计算机视觉等技术可以生成各种形式的内容。AIGC 凭借其强大的内容创新及生产能力,位列百度发布的"2022 十大科技前沿发明"之首,其突出优势即为跨模态、通用性、可控性。跨模态意味着文本、视觉、听觉等多种模态信息的融合,可以实现图文、音视频、数字人、机器人等多个应用场景的覆盖。

从狭义上看,AIGC 是继专业生成内容和用户生成内容之后,利用人工智能技术自动生成内容的新型生产方式。[①] 从广义上看,AIGC则包括自动化生成内容的技术合集(如生成算法、数据、模型、芯片等)所生成的诸如文本、图片、代码、音乐、视频等多样化的内容。

虽然上述对 AIGC 的理解表面看仅仅代表了一种从内容生产方式或者内容生产主体来对内容进行划分的方式,但这种内容生产主体变化观背后揭示出的是技术、文化、产业等多重社会因素综合作用的结果。同时,主体变动后的内容生产方式并不是前后相继的关系,即

---

① 许雪晨,田侃,李文军.新一代人工智能技术(AIGC):发展演进、产业机遇及前景展望[J].产业经济评论,2023(4):5-22.

并非简单地取代,也不意味着原有内容生产方式的消失,而是多种内容生产方式的交织与融合。

首先,AIGC 不是简单意义上的技术对人工的取代或替代,而是代表了内容生产朝着人机协同和自动化方向上迈出的积极步伐。当前大量文本、图像、音频、视频等内容都可以通过 AIGC 技术自动生成,并且这一高效的、智能化的创作工具已经可以用于辅助艺术设计、影视特效、广告设计、游戏开发、编程创作等,提升日常内容生产效率的同时,为从业者提供创意和启示。同时 AIGC 生成内容还极大降低了内容生产门槛和内容制作成本,让不具备专业背景或技能的普通人,也可以借助 AI 自动生成具有一定专业水准的内容,有效节约人力资源和时间精力成本。

其次,AIGC 不是简单意义上的内容生产"扩容",而是对内容质量和多样性的"提质"。AIGC 可以实现所生成内容的质量远高于普通的人,这主要源于其深度的"学习"能力。大量的数据学习、积累、训练,可以帮助机器更加准确地理解创作的指令,而强化学习算法则可以用于生成更具指向性和约束性的内容,这就为个性化的创作提供了无限的可能。AIGC 可以将创作和创意相互分离,这就使创作者能够在人工智能生成的内容中产生灵感,以进行进一步的创作。例如 AICG 生成的草图、简笔画可以为设计者提供更多的创作灵感;VQ-GAN 甚至可以生成抽象的绘画作品;不咕剪辑 Cooclip 丰富的内置素材(如贴纸、音频、"梗"素材等),可以帮助创作者增加视频的创意与娱乐效果(见图 2.9)。

在人工智能技术的助力下,内容的生成实现了在创意、表现力、丰富度、个性化、传播力方面的爆发式增长与迭代升级。特别是扩散模型的开源应用,更是让 AIGC 一改传统的基础性、辅助性角色,成为真正意义上独立生成优质内容的主角。

图 2.9　由笔者使用通义万相平台生成骑马奔跑中
的猫咪宇航员(Q 版、全息投影、二次元、柴油朋克版)

　　AIGC 同 PGC、UGC 相比,不仅在于其内容生成数量、质量、成本、效率的提升,还在于其生成的内容质量的稳定性上,特别是相对于 UGC 内容质量的不稳定性,AIGC 可以通过人工智能技术有效实现对内容的过滤、筛选、评估,以确保内容质量的高稳定性。总之,AIGC 作为一项具有巨大潜力和应用前景的技术,正在重构内容生产与消费的模式。尽管这项技术尚处在发展过程当中,还有不少技术壁垒尚待突破,但随着技术的进步和人们对这一技术的熟悉与掌握,AIGC 将在多个领域持续发力,为内容的生成、传播、消费提供更多的场景和可能。

第三节 AIGC 内容生成的价值要素

一、AIGC 时代被重定义的内容

什么是内容？作为 AIGC 的核心议题，对内容的关注和思考是准确认识和理解 AIGC 的关键。内容作为新闻学与传播学的核心议题，最初指通过各种大众媒介将知识、文化、娱乐等在内的各种信息传递给受众的过程，涉及信息的创造、传递和接收等各个环节。在实际传播过程中，内容不仅是信息传递的基本单元，还是影响受众认知、互动、参与、情感的关键因素。因此，对内容的研究一直是传播学研究的重要领域之一。

从媒介进化的角度来看，内容传播始终与科技进步相生相连。从早期的口头传播、手写传播时代，到以报纸、广播、电视等为代表的大众媒介时代，再到如今的以互联网、社交媒体等为代表的数字媒体时代，内容传播从形式到内涵都发生着日新月异的变化。同时，内容传播也广泛渗透到人类社会发展的各个领域，如新闻、教育、广告、艺术等，对社会的发展和人们的生活产生了深刻的影响。

随着人工智能时代的到来，"媒介即人的延伸"得到了进一步的验证。传统媒介时代，内容传播形式仅仅停留在视觉、听觉、触觉层面的技术局限正在被新兴技术打破，包括情绪、情感、认知、模拟等深层次的人的内在感知正在被调动，人机互动、人机共生让未来的传播充满无限的想象与可能，内容的内涵与外延也随之发生变化。今天的内容不单单是文字、图片、声音、视频等传统意义上的符号体系，更重要的还是意义建构的体系、过程和重要媒介，是人与外部世界互动过程中

重要的互动与反馈机制,代表了技术进步背景下以数字技术为支撑的全新文明形态的重要组成部分。因此,AIGC 内容生成的核心价值体现在以大模型为核心的内容生产方式和人机交互方式的变革。未来,借助大模型衍生出的大量 AI 生产工具,将实现内容生产效率的进一步飞跃,从而在应用领域通过降低人机交互门槛真正实现人工智能技术的通用性。

二、AIGC 时代内容创新的关键要素

传统研究视角下,内容的传播与目标受众、传播渠道、内容质量、传播效果等因素密切相关。其中受众的需求、兴趣和习惯,是内容生成的前提和基础;传播渠道,即媒介和平台的选择事关内容传播的效率与覆盖率;内容质量事关准确性、相关性和吸引力,是提高受众接受度和参与度的关键;传播效果作为评估传播可及性的依据,主要通过受众的反馈、内容的扩散范围等来确定,以为后续的传播提供优化依据。

但随着数字技术和人工智能的发展,内容传播也受到越来越多因素的影响。例如在传播对象方面,大数据技术可以精准分析用户的特征和行为偏好,个性化的推荐算法可以实现精准的内容推送,而 VR、AR、MR 等技术则为内容传播提供了全新的沉浸式体验感受。因此,当下的内容传播中技术的应用和创新正在发挥越来越重要的作用。

(一)从内容为王到质量为王

传统大众媒介时代,内容为王作为一种理念,表征着人们对媒体和信息消费的依据和标准。同时期信息渠道远没有今天这么丰富,大众媒体如报纸、广播、电视、杂志等是内容的主要传播渠道,加上单向的传播模式,受众对于内容的反馈和互动十分有限,媒体很难对其传播效果和影响力做出准确的即时评价。因此,媒介平台对内容筛选和传播拥有绝对的选择和控制权,受众对于内容生成与传播所产生的影

响十分有限。

而到了社会化媒体时代,传播中的个体和传播中的互动价值得到了充分的激发,内容的质量、深度和广度也随即成为媒体影响力的关键因素。高质量的内容能够吸引用户的关注,促进分享和讨论,引发共鸣,甚至改变用户行为、观点和态度。因此,如何提高内容的质量也就理所当然成为传播中的关键议题。

(二)从内容创生到内容创新

随着社会的发展和科技的进步,媒体用户的需求和兴趣也在不断变化。为了满足用户多元的需求,内容的创新势在必行。

首先,这种创新不仅体现在内容的题材、表现形式和设计风格上,还体现在内容的传播方式和互动形式上,这是一个综合的创新过程。其次,这种创新体现在将不同模态的内容进行融合创新,创造出全新的内容形式,如将文本、图像和音频结合起来,在增强内容的吸引力和趣味性的同时,提升了内容的表现力和传播力。最后,这种创新体现在互动反馈上。通过对用户数据的深度分析与挖掘,实现对受众偏好和需求的精准把握,从而制定更明确的内容优化策略。当然,还需要根据受众的反馈和互动情况,对内容的传播进行实时的调整和优化,以提高传播效果。

(三)从算法推荐到智能分发

信息过载环境下,受众面对海量信息,选择成为一件难事。如何从海量信息中帮助用户筛选出符合自己需求的内容,是传播需要共同面对和解决的问题。目前算法推荐已经可以帮助受众从一定程度上解决这一问题,算法通过对受众历史行为的分析,为其推荐相关的内容,但这种算法持续的推送,也容易形成信息茧房。此时,利用智能算法分发就可以有效避免这一问题的发生。智能算法分发在原有个性算法分发的基础上,可以综合用户的即时反馈,对部分过度推送和强化的内容进行纠正,从而减少信息过载和冗余,提高受众的满意度和忠诚度。

(四)技术与创意相辅相成

AIGC 时代的内容传播过程中,技术和创意是相辅相成的。技术是驱动创意的关键和基础,也是诸多创意实现的保障,没有技术保障,很多创意就无法最终实现。例如在传统的建筑设计领域,建筑建成之前,很难直观地感受建筑最终的呈现效果,特别是建筑同周围环境的匹配度,但是在 AIGC 时代,通过虚拟现实、增强现实等技术手段,辅以现实物理世界的建筑数据、环境数据等,通过 3D 成像、建模等就可以生成逼真的建筑场景,为建筑设计师提供参考,从而对方案进行进一步优化。同时,创意也可以为技术的迭代升级带来灵感,并通过技术的升级和不断优化,持续赋能创意的产生。因此,在内容传播中,如何实现技术与创意的有机结合,是增强内容吸引力和传播效果的关键。

综上所述,AIGC 无疑已经开启了内容创新的全新时代。通过个性化建模、创意辅助、多模态融合、数据驱动优化反馈机制和智能化分发等技术应用,AIGC 可以为内容生产带来更多的可能,推动内容产业的发展和创新。当然,在实际的应用过程中,也需要思考 AIGC 可能会带来的一些挑战和问题,如版权纠纷、数据伦理、信息安全等。因此,在应用 AIGC 进行内容创新时,需要充分考虑上述风险因素,并采取相应的措施来规避这些风险,从而为内容的可持续创新提供技术、伦理和法律保障。

三、AI 在内容生成中的角色变迁

2021 年以前,AIGC 生成内容的形态还以文字为主,AI 也常常被视为辅助性的角色。随着大模型的不断涌现,AIGC 逐步具备多模态信息处理与生成能力,可以处理包括文本、图像、视频和音频等多种类型的数据。通过对不同模态数据的综合利用，AIGC 可以生成更丰富的内容，在创意、表现力、迭代、传播个性化等方面发挥更大的优势。2022 年 ChatGPT 横空出世之后，AIGC 也进入了新的发展阶段，深度学习和开源模式不断推动 AIGC 在内容创新方面取得进展，AIGC 也从最初辅助角色逐渐成长为内容生成的主角，未来还将可能具有自主创作的能力。

（一）辅助生成角色

在 AIGC 发展的前期阶段，AIGC 主要扮演的角色是辅助人类进行内容生产。此时的 AIGC 主要根据指定的模板或者是规则来进行一些并不复杂的内容制作和输出，例如一些简单线性文本和套用模板的内容。此时的 AIGC 创新度不高，主要是依赖预先设定的模型或者是专家系统来执行特定的任务，因此生成的内容形式单一，内容较刻板、空洞，有时甚至出现文不对题或者错用模板的问题。综合来看，这一阶段 AIGC 生成内容时对系统或者模型的依赖性较大，尚不具备自动创新的能力。

（二）协作创新角色

随着 AIGC 技术的不断突破，AIGC 也开始凸显其智能优势，在整个内容创建过程中逐渐扮演更加主动的角色，可以通过人机协同进行内容生成。AIGC 可以进行创意启发，向用户提供创意的灵感或建议，帮助确定内容的主题、风格或框架，也可以进行内容规划，基于大量数据样本提出有效的内容组织方式，如协作大纲、设计思路、研究计划等。还可以根据指定的风格、质量标准或用户的喜好和反馈，生成个性化的定制内容。更重要的是，作为协作角色的 AIGC 还具备协作增强、持续学习和改进的能力；作为一个认知智能模型，AIGC 可以通过分析用户反馈和内容表现，自主调整并优化算法生成更高质量内容，或提供改进建议、修正错误，从而提高创作效率和质量。总而言之，作为协作角色的 AIGC 可以通过深度学习，在与人类紧密的互动中，更加准确地理解人类的意图和需要，从而生成更加多样、有趣、丰富和个性化的内容。

(三)自主创新角色

未来，随着智能创作时代的来临，人工智能也将从感知和理解世界向生成和创造世界跃进。此时的 AIGC 将实现独立创作，但是，完成内容的原创，目前还只是一种畅想。为了能够实现这个愿景，AIGC 需要持续发展和升级其核心技术，并丰富其产品形态，不断拓展多模态的内容生成，如嗅觉、触觉、味觉、情感等，只有这样，AIGC 原创时代才能真正意义上实现。当前，AIGC 和大模型产业的发展正在推动 AI 在各领域的渗透，这不仅是一场生产力的革命，也是创造力的革命，将激发出未来无限的可能性。

但在对未来的期冀与发展中，也需要正视 AIGC 自主创新时代到来可能为社会带来的机遇和挑战，它不仅会改变内容的生产方式，还可能影响人类的创造力和想象力。在这个过程中，人们需要保持对该技术的审慎与思考，以确保 AIGC 能够真正成为社会进步的助力而非阻力，为人类带来更多富有想象和创造力的文明成果。

第三章

AIGC 的产业生态及应用现状

　　本章主要围绕 AIGC 的市场现状展开,具体内容包括 AIGC 的主要代表企业、代表产品、应用现状、未来趋势等。同时还将结合具体案例,分析总结 AIGC 主要的应用场景,包括传媒领域、商业领域、教育领域等,以及 AIGC 的引入对于不同行业发展带来的冲击与影响。

第一节　AIGC 的产业生态

　　据麦肯锡公开发布的预测数据,到 2025 年全球人工智能应用市场规模总值将达到 1270 亿美元,人工智能将成为众多智能产业发展的重要突破点。事实上,在 2023 年之前,AIGC 技术产业生态建构还只是一个构想,但是随着以 ChatGPT 为代表的生成式人工智能技术在应用领域的持续发力,AIGC 发展成为一个集人工智能、大数据处理和业务决策等技术于一体的综合性架构。它的产业链条日臻成熟,涉及上游、中游及下游的不同产业。AIGC 产业生态的关注已经不仅仅停留在学界和业界,商业资本领域也对产业的发展给予了高度的关注。

2023 年腾讯研究院发布的《AIGC 发展趋势报告 2023：迎接人工智能的下一个时代》认为，AIGC 产业生态体系在我国已经初现雏形。该报告将我国当前的 AIGC 产业生态划分为上中下三层架构。第一层为上游基础设施层，主要负责提供 AIGC 产业发展所需的核心数据和算力服务，具体包括计算平台、其他设备设施以及模型开发训练平台等。第二层为模型层，负责提供和搭建算法模型，具体包括模型层和中间层，模型层当中既包括开源模型，也包括非开源模型以及模型托管平台；中间层主要包括数据反馈、大模型调整和个性化模型开发等，即垂直化、场景化、个性化的模型和应用工具。预训练的大模型是基础设施，在此基础上可以快速抽取生成场景化、定制化、个性化的小模型，实现在不同行业、垂直领域、功能场景的工业流水线式部署，同时兼具按需使用、高效经济的优势。第三层为应用层，负责提供直接可以用于消费的内容、内容生产的辅助工具和系统化解决方案等，即面向 C 端用户的文字、图片、音视频等内容生成服务。在应用层，侧重满足用户的需求，将 AIGC 模型和用户的需求无缝衔接起来，实现产业落地。其中，模型层作为上游和下游链接的中间环节，也是最终决定产业发展规模和体量的基础和关键环节。随着数字技术与实体经济融合程度不断加深，以及互联网平台的数字化场景向元宇宙转型，人类对数字内容总量和丰富程度的整体需求不断提高。

2023 年 5 月，在天津举办的第七届世界智能大会"世界智能科技创新合作峰会"上，天津市人工智能学会、至顶科技、至顶智库联合发布《2023 年全球生成式 AI 产业图谱》，将 2023 年全球生成式 AI 产业划分为基础设施层、算法模型层和场景应用层。虽然上述关于 AIGC 产业生态的划分方式不尽相同，但基本是从产业结构、分布、关联、环境相协调的视角，以产业繁衍、分布、发展、竞争、合作为原则，认识并把握产业系统内部的产业链、价值链、资源流动和动态平衡等规律。目前的 AIGC 产业已经形成了上下游产业供需平衡的生态链，必将迎来产业的爆发式增长（见图 3.1）。

图 3.1　中国 AIGC 产业链图谱

资料来源:艾瑞咨询《2023 年中国 AIGC 行业发展研究报告》。

一、AIGC 的上游产业

AIGC 的上游产业可以被视为产业的基础层,主要涉及产业发展的基础技术支撑,包含数据、算力、计算平台、模型开发训练平台等。因此,上游产业首先需要硬件产业的支撑。生成式人工智能依赖强大的数据支撑、算力支撑和存储支撑,需要高性能的计算机硬件和存储设备作为基础硬件,例如高性能的计算机、芯片、GPU 等。其次是软件产业,AIGC 需要大量的算法和数据模型来支持,前沿的软件开发设计、工具和技术都是不可或缺的。最后是数据支撑,大数据作为模型和算法的基础,高质量的数据不仅可以提高算法的精度,提升模型训练的效果,还从根本上决定着生成内容质量的高低,这就需要进行大规模的数据采集、收集、整理、清洗、标注、治理等,唯此才能为 AIGC 的内容创作提供模型训练的样本和参考。

总体来说,AIGC 技术的上游产业主要围绕计算机硬件、软件和数据等方面展开,涵盖了计算机科学、统计学、数学等多个学科领域的专业知识,这些上游产业的发展为 AIGC 的发展和应用提供了重要的支持和保障。

（一）硬件保证

AIGC 所需的硬件主要包括处理器、显卡、手机和其他云设备等。目前世界知名的硬件生产企业主要有英特尔、AMD、英伟达、微软、苹果、联想、华为、三星、中芯国际等。AIGC 的发展以硬件产品的算力为核心。过去几十年中，计算机的算力突飞猛进。早期的人工智能算法主要依靠中央处理器（CPU），但传统的 CPU 无法满足大型深度学习模型的训练需要，因此图形处理单元（GPU）被开发出来。GPU 主要用于图形和视频渲染，可以帮助程序员创建更逼真的场景。英伟达的显卡拥有先进的技术和创新的功能，在很大程度上塑造了现在的图形处理和 3D 游戏技术。因此，也可以说正是有了英伟达的 GPU，才有了今天的 ChatGPT。英伟达的 GPU 为高性能计算提供了基础的设施保障。

（二）软件支持

除了计算机硬件，软件也是 AIGC 产业发展的关键支撑。只有上游企业源源不断地提供具有创新价值和领先优势的软件，才可以帮助中游企业进行技术发展。例如为中游企业提前搭建好先进的语言模型。目前 AIGC 产业发展所需的软件大致可以分为以下几个类型。

一是电子设计自动化类软件。电子设计自动化技术最早出现于 20 世纪 60 年代。它是由计算机辅助工程、计算机辅助设计、计算机辅助测试以及计算机辅助制造等延伸而来的。[1] 电子设计自动化是广泛应用于集成电路产业链的工具软件系统，它和装备、材料并列为集成电路产业的三大战略基础支柱。[2] 电子设计自动化类软件对芯片开发

---

[1]　严林波，孙正凯.电子设计自动化技术及其应用研究[J].科技创新与应用，2019（26）：137-138.

[2]　李玉照，吴素.电子设计自动化 EDA 技术状况与展望[J].集成电路应用，2022（39）：246-247.

与设计领域而言意义重大,伴随着摩尔定律逐步失效,新一代的电子设计自动化软件将打破传统,创造出算力更强的芯片,从源头为 AIGC 提供更强大的算力支持。

二是操作系统类软件。计算机操作系统负责统筹计算机各个部件开展工作,包括全部硬件以及硬盘中的全部文件,它是计算机系统的基础。目前,随着红旗、深度、起点、中兴新支点、优麒麟等一大批国产操作系统不断走向成熟,未来可为 AIGC 的发展提供强有力的软件支持。

三是基础服务类软件。基础服务类软件涵盖范围较广,包括所有在互联网上提供的服务,如云计算平台、大数据处理软件、数据可视化工具等。软件即服务的具体内容,供应商代替其他公司或个人完成软件开发等基础工作,通过提供软件作为服务内容获得收益。

四是安全类软件。主要是相关企业为下游企业提供安全保障服务。安全问题是核心保障,只有保障信息安全、网络安全、数据安全,才能保证 AIGC 产业的健康发展。

(三)数据服务

数据被视为算法的基石,因此也是 AIGC 产业发展的重要基础。在 AIGC 产业发展的过程中,AI 的分析、决策、创作等行为都离不开海量数据的支持。同样,如果没有数据支持展开模型训练,那么 AIGC 也就无法生成符合用户期望的内容。换言之,提供优质的数据服务是 AIGC 上游产业的重要职责,而服务的具体内容就是运用大数据技术,对各种来源(包括云端存储、数据库、物联网设备和传感器等)的数据进行数据收集、数据处理、数据标注、数据整合等。根据德勤公布的相关数据,2017—2022 年中国人工智能基础数据服务市场规模从 8.2 亿元增长至 45.0 亿元,年均复合增长率达 41%。未来智能制造、元宇宙、生成式 AI 等复杂智能场景的实现,将对人工智能基础数据服务提出更高的要求。

1.数据获取

数据获取是 AIGC 生态构建中不可或缺的一环。而从产业相关的现有数据基础来看,一些新兴产业由于发展时间不长,数据积累尚未达到一定的规模。还有一些产业,虽然是长期存在的传统产业,但数据积累质量不高,或者是数据积累不完整,仍然需要大量的高质量数据来进行补充。

从传统的数据获取方式来看,一类是数据共享模式,主要是依托互联网上的数据共享平台,在平台提供的数据资源中寻找合适的数据集。国外这类数据平台相对较多,数据体量巨大,且数据积累技术比较成熟。国内常用的数据平台相对有限,主要有阿里巴巴、百度等开发的数据平台等。另一类是数据检索模式,主要是通过不同的搜索方法,在环境中进行检索和分析,最终得到想要的数据集。还有一类是数据请求,主要是通过网络检索等方式向相关数据持有单位进行数据使用申请,从而获得数据。与传统的数据获取方式不同,大数据获取需要面对的数据量十分庞大,数据类型也十分复杂,终端类型十分多元,对采样数据的实时性要求也很高,这就需要专业数据采集技术、团队与企业参与,唯此才能保障数据的质量。

2.数据处理

数据处理是通过对数据进行收集、清洗、整合、分析、挖掘和可视化等处理,将原本杂乱无章、难以理解的数据转化为有价值信息的过程。数据处理方式不同,数据处理所需要的硬件和软件支持也不同。如数据转换时,需要专业的 ETL 工具来帮助完成数据的提取、转换和加载;进行数据存储和计算时,需要数据库的支持;进行数据可视化时,则需要 BIEE、Microstrategy 等工具对数据的计算结果进行分析和展现。当然,数据安全保密技术也是不可或缺的。

一般而言,数据库有两种类型。一种数据库汇集各类数据,但不做区分;另一种数据库会分类存储数据。通常情况下,企业供应商会将两种数据库进行结合,以保证数据库同时具有应用性和规范性,能够为用户提供多样化的服务。从数据处理的时效性角度来看,提供数据处理服务的供应商包括异步处理型企业和实时处理型企业两类。根据处理方式的不同,提供数据处理服务的供应商也分为部分部署型企业和云原生型企业。

3. 数据标注

数据标注,是将原始数据进行加工处理(比如分类、拉框、注释、标记等),转换成机器可识别信息的过程。数据标注服务几乎贯穿于大模型全生命周期,是 AIGC 上下游合作耦合的关键要素。国内数据标注厂商,也被称为基础数据服务商,通过完成数据集结构设计、数据处理、数据质检等工作,来为下游客户提供训练数据集、定制化服务。

由于大模型以数据为基础,数据数量和质量直接决定着大模型的能力上限。尤其是训练流程中的后两个阶段,需要专业人士生成数据或对数据进行改写或排序,最终才能形成符合人类逻辑和价值观的高质量数据。从数据标注的流程上来看,传统数据标注以目标任务为导向,通过拉框、描点、转写等方式进行人工或自动化标注,评价标准主要以准确率和效率为指标。而大模型数据标注,主要是按照阶段来划分,通常对自然语言要求很高,需要更专业人才。

数据标注作为 AIGC 产业的底层服务,其本质价值就是帮助下游客户实现降本增效,而技术正是降本增效的关键路径,如数据闭环工具链的智能化水平、对大模型及算法的理解、数据工程化能力、基础设施建设等。大模型的背后都有数据标注平台的支撑。目前看数据标注仍具有飞轮效应,即数据处理能力越强,大模型标注经验越丰富,落地案例越多,数据处理的可扩展性和灵活性自然也就会越高。在未来 AIGC 产业中,专业数据服务将更多应用于垂直场景,帮助企业完成私有化部署。

大数据和人工智能的兴起带动了数据处理行业的发展。根据华经产业研究院相关报告数据,2021 年我国数据标注行业市场规模达到

43.3 亿元,同比增长约 19.2%,预计到 2029 年市场规模将达到 204.3 亿元。

4. 数据存储

AIGC 产业爆发式增长的同时,数据量的急速膨胀也让数据存储与管理成为 AIGC 产业发展过程中不可忽视的问题。数据的存储既要能支撑海量多元异构数据的归集、标注、训练、推理和归档的全生命周期管理需要,也要能满足承载 AIGC 数据训练推理时的高性能、低延时、大容量、易扩展、自由流动的严苛需求。这都是当前 AIGC 产业发展过程中数据存储面临的挑战。

对此,腾讯云提出的解决方案是采用数据湖的统一存储方式,来避免数据孤岛的问题,解决数据流动的需求以及高吞吐和低延迟的问题。浪潮软件面向 AIGC 应用场景推出数据全生命周期存储解决方案,并基于业界对大模型训练的数据存储在性能、管理、融合和效率方面的需求,发布高性能分布式存储 AS15000G7 平台,助力 AIGC 在金融、教育、医疗等领域突破海量多元异构数据存储瓶颈,加速释放数据价值。除此之外,华为、阿里云、百度等国内主要大数据企业均推出了云原生数据、湖云原生数据平台,为 AIGC 产业的数据存储提供支撑,未来国内的数据存储行业将在数据管理、数据编织和产品出海等方面寻求突破,以为 AIGC 技术提供稳定的数据存储支持。

5. 数据合成

随着 AI 产业数据需求的暴增,合成数据作为人工智能产业发展中的衍生赛道,开始引起广泛关注。所谓合成数据,即是用 AI 生成的模拟数据,替代真实数据来训练、测试和验证大模型。除了能降本增效,它可以补充更多边缘、长尾场景数据,能有效解决大模型时代下的"数据鸿沟",并自然规避数据隐私安全、合规等方面问题。合成数据为训练、测试、验证 AI 模型和算法而生,可以有效破解 AI 产业未来发展中可能遇到的数据供给问题。据 Cognilytica 发布的报告指出,合成数据生成市场预计到 2027 年底将增加到 11.5 亿美元。量子位智库预计,合成数据将成为未来增速最快赛道,年增率可达 45%。

在我国,随着国家《关于构建数据基础制度更好发挥数据要素作用的意见》的出台,数据要素市场亟须扩容增量,推动数据要素供给调整优化,提高数据要素供给数量和质量势在必行。基于 AIGC 技术的合成数据将发挥巨大价值,以更高效率、更低成本、更高质量为数据要素市场"增量扩容",助力打造面向人工智能未来发展的数据优势。

二、AIGC 的中游产业

AIGC 中游产业为算法和模型层,涉及机器学习、计算机视觉、自然语言处理(大型语言模型)、优化算法等多个方面,是机器完成教育训练过程的关键环节,也是 AIGC 最终落地应用的关键。从中游算法、模型发展相关的参与主体来看,主要包括三类重要的参与者:一类是人工智能实验室,一类是企业研究院,还有一类是开源社区。

(一)人工智能实验室

算法模型是人工智能系统实现智能决策的核心,也是人工智能系统完成任务的基础保障。算法模型只有经过相当规模的数据训练及微调后才能适应广泛下游任务,换言之,正是数据训练才让模型具备了语言、视觉、推理、人机交互等新能力。因此,算法模型可以被视为人工智能系统的灵魂,也是人工智能朝着人类智能方向进化的关键动能。为了更好地研究算法,推动算法的商业化落地和应用,很多企业通过在企业内部设立专属实验室,对 AI 技术专研专攻,如谷歌通过收购,将 AI 实验室 DeepMind 收入麾下,开展机器学习、神经系统科学等人工智能领域的前沿研究,不断更新算法模型。除了企业附属的 AI 实验室,还有一些独立的 AI 实验室,即企业本身就是一个大型人工智能实验室。如因 ChatGPT 的爆火而被世人熟知的 OpenAI 就是一个独立的实验室,专门从事 AI 技术的开发。因此,人工智能实验室也可以被分为两类,即企业附属型人工智能实验室和独立型人工智能实验室。独立型人工智能实验室中最具有代表性的就是前期的 DeepMind 和著名的 OpenAI。

DeepMind 成立于 2010 年,总部位于英国伦敦,企业本身就是一个大型人工智能实验室。该公司致力于开发和研究通用人工智能(AGI)系统,旨在使计算机能够像人类一样进行学习和推理。OpenAI 成立于 2015 年,创始人包括埃隆·马斯克(Elon Musk)、全球知名创业孵化器 Y Combinator(简称 YC)的掌门人萨姆·奥尔特曼(Sam Altman)、硅谷创投教父彼得·蒂尔(Peter Thiel)等 5 人。2022 年引爆 AIGC 热潮的 ChatGPT 正是 OpenAI 的代表作。除此之外,OpenAI 还推出了 AI 绘画工具 DALL·E2,以及接近真人水平、支持多种语言的语音识别预训练模型 Whisper。这些智能算法模型都代表了当前人工智能领域的最前沿水平。

(二)企业研究院

几乎所有的互联网巨头都设立了企业专属的实验室来开展人工智能技术的研究,企业的发展优势、特长和定位不同,企业实验室研究的领域和目标也不同。目前国内相关企业设立主要的人工智能实验室有:隶属于阿里巴巴集团的阿里达摩院,致力于人工智能、机器学习等方向的研究;腾讯公司的人工智能实验室——腾讯 AI Lab,研究方向包括自然语言处理、深度学习、机器视觉、大数据挖掘等;百度公司的研究机构——百度研究院,主要涉及自然语言处理、机器视觉、语音识别等领域;华为公司的华为诺亚方舟实验室,主攻方向为机器学习、深度学习、语音识别等。其中,百度研究院是国内最早成立的人工智能实验室之一,腾讯 AI Lab 以深度学习和自然语言处理著称,阿里巴巴达摩院则致力于各类前沿技术的研究,主要面向企业提供技术支持;而华为智能计算实验室则一直在人工智能基础领域持续发力。

以阿里巴巴达摩院为例,达摩院成立于 2017 年,致力于探索科技未知,开展基础科学和创新性技术研究,目前已经产出了丰富的成果,不少成果与 AIGC 息息相关。其中就包括在 2022 年 9 月发布的"通义"大模型系列。目前已经申请注册"通义万象""通义晓语""通义博研""通义晓问""通义万相"等多个商标,"通义"大模型已经深入电商、设计、医疗、法律、金融等行业,服务超过 200 个场景。另外,达摩院研发的深度语言模型体系 AliceMind 已经掌握 100 多种语言,具有阅读、翻译、问答、写作、摘要生成、对话等多种能力,其处理能力先后登上了包括 GLUE、CLUE、XTREME、VQA Challenge、DocVQA、MS MARCO 在内的自然语言处理领域的六大权威榜单,并在 2021 年年中宣布开源。

国外企业的研究院,以微软亚洲研究院为例,该研究院成立于 1998 年,是微软公司在海外开设的第二家基础科研机构,如今已经发展成为世界一流的计算机基础及应用研究机构。研究院许多研究方向都与人工智能领域相关,并产出了不少 AIGC 相关研究成果,如通用多模态基础模型 BEiT-3,它在目标检测、图像分类、视觉推理、视觉问答、语义分割、实例分割、图片描述生成和跨模态检索等领域都具备强大的性能。

(三)开源社区

从开源(Open Source)的定义来看,开源即开放源代码,是一种将源代码开放共享的开发模式,具有自由开放、共建共享的特点。它是一种依托互联网平台,借助群体智慧共同参与协作,不断积累,实现持续创新的方式。因此,开源社区对 AIGC 的意义就不言而喻了。代码开源不仅可以减少重复工作,还可以通过开发者之间的成果共享、协作开发来推动技术的突破,降低应用门槛,加速技术产业化的推广应用。

在数字经济时代,随着中国人口红利逐渐消失,开源提供了一种全新的开放、共享、协同的创新协作模式,它不仅是开放源代码的软件技术开发,还代表了一种开放、协同的创新理念和机制。开源的价值不仅仅体现在开放的源代码上,更重要的是通过代码背后充满无限创新潜能的个体与个体间的协作,让人类智慧得到最大限度的共享和发展,打破技术封锁,真正实现降本增效,为 AIGC 的爆发和智能社会的到来提供动能。

根据开源社区所覆盖领域的宽度和深度,可以将开源社区分为综合型开源社区和垂直型开源社区两种类型。以综合型开源社区 GitHub 为例,GitHub 是世界上最大的开源代码托管平台,它可以通过不同编程语言托管用户的多种源代码项目,无论是人工智能领域相关的代码,还是其他领域的代码都可以上传共享。虽然 GitHub 于 2018 年被微软收购,但其社区与业务依然采用独立运营模式,并且保留了其宝贵的开源精神。根据 GitHub 2023 年度公布的数据,该社区在全球已拥有超过 1 亿的开发者用户,大部分用户来自美国、印度和中国,2022 年,该平台上有超过 4.13 亿的开源贡献,超过 90% 的财富 100 强公司使用 GitHub。GitHub 曾预测到 2030 年,中国开发者将成为全球最大的开源群体。

垂直型相较于综合社区的"大而全",更加强调"小而精",比如 Papers with Code。Papers with Code 专注于机器学习论文及其代码实现。用户可以在该社区轻松检索到与机器学习相关的论文及存储在 GitHub 上的开源代码,并且可以根据标题、研究领域等关键词进行查询,也可以按照影响力、时间及在 GitHub 上的收藏指数来检索和排序。基于 Papers with Code 对机器学习领域的专注,它也被业界称为垂直版的 GitHub。

三、AIGC 的下游产业

任何优秀的算法模型最终都需要应用到具体的场景中,才能产生真正的商业价值和社会价值。因此,AIGC 的下游产业主要是上游和中游技术的应用落地。目前 AIGC 相关应用主要基于文本处理、音频处理、图像处理、视频处理四个主要场景。同时伴随着 AIGC 技术的不断成熟,在产业下游将会诞生更多的商业机会和相关企业。

(一)文本生成

文本生成是 AIGC 最为常见的一个应用场景,也是普通消费者最常感知 AIGC 相关技术的方式之一。很多企业都开始通过 AIGC 的这个"特长"来拓展商业领域并提升盈利能力。通过 AIGC 的文字生成技术,可以有效开展创意文案生成、营销文案设计、智能客服问答、新闻稿件生成等业务,以此助力相关企业的业务创新。

1. 营销型文本生成

营销作为企业获取客户、推广产品和服务、满足用户需求、提升企业影响力的主要手段,是企业扩大市场份额,实现销售增长和业务发展的重要手段。通过卓有成效的营销策略和活动,可以帮助企业有效开拓新市场。但传统的广告和营销模式往往需要耗费企业大量的人力与资本,实际投放效果很难达到预期。特别是数字时代,随着用户消费习惯、消费观念的改变和审美水平的提升,传统的广告及相关营销方式已经很难满足用户个性化的需求。如何在不增加人力和制作成本的情况下提升广告和营销的质量始终是困扰企业的难点问题。AIGC 广告文本创意的诞生就是解决企业上述难点的创新之举。AIGC 不仅可以帮助企业高速、批量地生成极具创意的个性化营销文本,还能根据用户的反馈和需求,对文本内容进行改进和完善,以输出更高质量的内容,真正帮助企业实现了在广告营销领域的降本增效。

2022 年以来,以 ChatGPT、文心一言为代表的大语言模型不断涌现,AI 技术在商业层面的应用正在从根本上颠覆并重塑传统的模式与价值。生成式 AI 能极大降低内容输出成本,提高内容输出质量。AIGC 相关技术的快速落地,为营销、商业生态带来全新的机遇。以百度"擎舵"在营销场景中的应用为例,擎舵可以在 2 分钟生成 100 条创意文案,3 分钟生成一个数字人建模,5 分钟即可制作一条完整的数字人口播视频,这让人们对未来 AIGC 赋能下的营销变革充满无限的想象。

2. 创作型文本生成

目前,AIGC 已经可以实现在自由度和开放度较高的文本创作领域的应用,为文学创作群体、文学爱好者及内容创意相关度较高的企业和个人提供服务。视频传播领域一些博主已经开始运用 AIGC 技术进行作品创作,国内的科技创业型公司彩云科技开发的彩云小梦就是这一款产品。用户只要在长文本框中输入剧本或者小说的开篇部分,或者是输入故事背景,进行相关设定,彩云小梦就可以帮忙完成续写。彩云小梦还设置了多种续写模型,包括标准、玄幻、都市、言情等。用户可自行选择切换模型,根据个人偏好和创作需要续写不同风格的作品,创作过程中可以随时修改和调整。为了提升创作体验,彩云小梦还更新了对话功能,用户可以通过对话的形式来展开内容创作。

3. 辅助型文本生成

AIGC 辅助型文本生成与创意文本生成不同。它是一种轻量级的应用,也是目前国内 AIGC 应用最广泛的场景之一。主要功能是基于素材爬取来实现,可以被视为一种"助手"式的内容生成方式。在具体的应用场景中,系统会根据用户需求对素材进行处理、自动化降重、内容润色等,帮助用户减轻程序性的工作负担,提升工作效率。如 Wordtune 是一款非常典型的文本处理应用,它的主要功能是帮助用户重写句子或对句子进行缩写或扩写,从而使原有表达更顺畅、自然。Wordtune 由以色列一家人工智能公司开发,其目标就是彻底改变人们的阅读和写作方式。国内同类型的公司有密塔科技,密塔基于自研的大模型开发出 AI 写作助手——蜜塔写作猫,可以通过阅读上下文对可能的用词进行准确建模,除了文本校对、改写、润色、自动配图等辅助功能,蜜塔写作猫还具备根据标题生成大纲和文章,以及提供论文方案、研究报告、广告语、自媒体文章等写作模板的能力,是一种同时兼具营销和续写能力的文本处理应用技术。

4. 通用型文本生成

通用文本不受限于固定场景,而是具备为用户提供具有泛用性的综合解决能力,因此通用文本的用户面向度更广。市场上提供通用文本生成的产品很多,如 NotionAI、AI 写作宝、ChatGPT、Copy.ai、小冰、孟子等都具备通用文本生成能力。孟子是澜舟科技以企业自主研发的轻量化预训练模型为基础,基于 Transformer 架构,包含 10 亿参数量,由互联网网页社区新闻、电子商务金融等领域的高质量语料训练而成。孟子预训练模型可以处理多语言、多模态数据,同时支持多种文本理解和文本生成任务,在文本分类阅读理解上表现十分优异。澜舟科技就是专门针对商业场景数字化转型,以自然语言处理为基础提供通用型文本服务的科技公司。

(二)图像生成

相比于文字,图像生成的技术门槛更高。随着读图时代的到来,AI图像生成技术的应用场景将更加广泛,娱乐、广告、时尚、艺术、医疗、建筑设计、游戏开发等各种行业和领域都需要 AI 图像技术的赋能。

相比于传统的制图方式而言,AI 生成图像不仅速度快、效率高,几秒钟就可以根据用户需求生成高分辨率、高画质、高仿真的图片,并且可以实现批量生图。在个性化方面表现更佳,AI 可以根据用户输入的要素、参数、风格要求生成特定风格类型的图片,创作者还可以通过 AI 进行局部修改和调整,以达到更好的效果。由于技术赋能降低了创作门槛,人人都可以创作出具有专业水平的高质量图像内容,这既满足了商业场景的需要,也满足了个体的个性化创作需求,市场前景十分广阔。

(三)视频生成

视频生成作为 AIGC 的重要应用场景,主要包括视频编辑、视频二次创作、虚拟数字人视频生成等内容创作形式。目前在这个领域已经聚集了不少科技型企业。随着视频时代的到来,视频逐渐成为人们获取信息的重要方式之一。AIGC 技术在视频领域的应用,必将催动相关产业的拓展。

从视频内容的生成过程来看,视频本质上是由一帧一帧的图像组合而成的,因此 AIGC 视频生成与图像生成也有很多的相似性,例如一些视频生成方法就是先生成静态关键帧图像,然后构建为视频序列。当然也存在直接端到端生成视频的技术,无需进行多阶段处理即可生成视频,如基于 GAN、VAE、Transformer 的方法。目前 AI 视频生成主要有文本生成视频、图片生成视频、视频生成视频三种形式。

AIGC 技术在视频领域的落地,可以为视频市场注入创意与活力,尤其对于传播量较大的短视频平台和博主来说,海量用户参与的具有独特风格和想象力的 AIGC 视频内容,不仅可以为创作者自身提供灵感和收益,也可以为内容平台和市场提供更具商业价值的作品,从而为平台和市场的持续发展提供动力。在影视剧制作领域,AIGC 生成视频可以帮助制作方有效缩短生产周期,提高制作水平和生产力,还能够大幅降低后期制作的门槛和成本,自动识别背景生成绿幕,以及视频主体跟随运动等辅助视频编辑,为后期制作增加更多空间。音乐 MV、短视频、短篇电影、动漫等都是 AIGC 视频生成应用的主要场景。

(四)音频生成

随着人工智能技术不断走向成熟,音频生成也逐渐成为 AIGC 应用的热门领域。其中语音识别是音频生成最重要的应用之一。通过将音频转化为对应的文本,实现人声口述或各类音频内容的文字转换。智能手机的语音输入法、口述笔记、会议记录摘要等已经得到广泛应用。声纹识别技术还被应用于金融和公共服务领域的身份安全验证和反欺诈等场景。如科大讯飞推出的智能语音转文字的产品——讯飞听见 MIS,该产品不仅可以满足高质量的录音需求,还可以借助智能转写功能,将音频文件转换成文本,满足会议、采访、培训等多个场景的应用需要。

语音合成更多地被应用于泛娱乐领域,如新闻播报、有声阅读、配音合成等场景。在医学领域、交通领域、工业领域等,语音合成也都已经投入应用。

目前语音交互已经广泛应用于各类人机对话场景中。如智能客服机器人,可以轻松完成与客户之间的语音问答,节约人工成本。在智能家居和智能车载领域,语音交互最终通过语音助手来实现用户的所有指令。在国际会议与展会等场景中,语音交互还可以实现同声传译。

随着 AIGC 技术的不断成熟,音频生成已经不满足于千篇一律的配音风格,而是通过语音的性别、音色和口音等风格迁移,进行影视、动漫和游戏的配音,以增加不同角色的声音设置差异,提升表现力。音频生成还可以对语音信号进行降噪、滤波和增益等处理,提高语音识别能力和生成质量。目前,音频生成还被用于历史音频资料的修复,对丁历史研究具有重要的应用价值。在音乐领域,音频生成可以根据给定的音频片段或文本描述生成连贯音乐,帮助创作者进行歌曲编曲、音乐风格精修和背景音乐生成等工作。

此外,音频助手也是 AIGC 重要的应用拓展领域之一,此类应用可以分为三种:音乐创作类、语言创作类、音频定制类。目前,许多公司都在音频生成方面积极探索,推出各种智能语音生成应用。

四、AIGC 主要的商业模式

从商业模式来看,目前 AIGC 主要的商业模式有以下五种。

(一)FaaS(Function as a Service)模式

FaaS 模式,函数即服务。也称为无服务器计算服务,即云端函数平台取代了基础设施和应用软件层,构建和部署软件作为服务应用的方式。业界也称之为无服务器架构的服务模式。FaaS 作为底层平台接入其他产品对外开放,按照数据请求量和实际计算量计算,如 GPT-3 对外提供 API 接口,采用的四种模型分别采用不同的按量收费方式。

(二)CaaS(Content as a Sercive)模式

CaaS 模式,内容即服务,即按照内容产出量获得盈利。AIGC 工具相较于传统的内容生成方式来说,具有快捷、便利、富于创意、个性化优势特点,而且内容生成效率高、产量高,能够在短期产生良好的传播效果和收益,因此成为内容相关产业的首选应用工具。AIGC 工具通常采用的都是按照内容收费的模式,收费模式除了按条/篇等单位收费,也有一次性永久付费模式和定制化收费模式等其他收费模式。DALL·E、Deep Dream Generator 等 AI 图像生成平台采用的都是 CaaS 商业模式。

(三)SaaS(Software as a Service)模式

SaaS 模式,软件即服务。这一商业模式在数字技术相关的商业领域十分常见,如手机上使用的 App,还有企业数字化运行的应用系统等都是 SaaS 典型案例。用户不需要购买任何基础设施,只需要一台智能终端打开软件就可以进行内容生产和创作了,一般采用的收费模式是按时间或者用户数进行收费。如个性化营销文本写作工具 AX Semantics 以约 1900 元/月的价格对外出售,并以约 4800 欧元/月的价格提供支持定制的电子商务版本。大部分 C 端 AIGC 工具则以约 80 元/月的价格对外出售。据 OpenAI 官网,2023 年 OpenAI 推出付费版本的 ChatGPT Plus,起价为 20 美元/月,如客户想要获得更快的响应速度，以及新功能和更新的有限使用权就需要补充付费。美国 AIGC 公司 Jasper 主打 AI 生成文案服务，2021 年公司成立当年营收就达到 4500 万美元。

(四)MaaS(Model as a Service)模式

MaaS 模式，也有研究称其为 TaaS(Training as a Service)，即根据模型训练或模型的调用量进行收费。主要适用于底层大模型和中间层变现，按照数据请求量和实际结算量计算，较为典型的是 GPY-3 基于对外 API 的收费模型。也有通过收取模型训练费用实现盈利，除了训练通用模型，该模式主要适用于 NPC 训练等个性化定制需求较强的领域。在垂直细分市场领域甚至不需要改造模型训练，就可以直接实现应用。

(五)PaaS(Platform as a Service)模式

PaaS 模式，平台即服务模式。又可以分为纯技术服务商和云应用服务商两种。纯技术服务商因为更擅长开发通用技术，故而通过向公众开放底层技术平台的接口，由第三方提供专业界面供终端使用，这个第三方不再体现技术平台公司的品牌，而是致力于自身品牌的塑造。平台根据第三方的数据请求和实际产生的计算量进行收费。平台与第三方是多对多的选择，最终比拼的是产业生态的成熟度与稳定性。目前世界著名的人工智能企业 OpenAI 已经开始提供 GPT 的 API 接口。云应用服务商不同于纯技术服务商，很多互联网巨头都已经在自己的云端服务中融入了 AIGC。因此，AIGC 是被作为一种增值服务提供的，完全根据用户的需要来提供服务并收取费用，其收费原理类似于扩容，少量的费用即可解决升级问题。

第二节 AIGC 的产业价值

AIGC 作为当前新型的内容生产方式,已经在传媒、电商、影视、娱乐等数字化程度高、内容需求丰富的行业取得重大创新性发展,市场潜力逐渐显现。与此同时,在推进数实融合、加快产业升级的进程中,金融、医疗、工业等各行各业的 AIGC 应用也都在快速发展。原因在于 AIGC 实现了传统 AI 技术从感知、理解到生成、创新维度的跃迁,推动人工智能进入了其发展史上的一个新阶段。这个阶段的人工智能技术的核心特征就是自动生成全新的内容,单就其创新价值而言,AIGC 对弱人工智能时代而言就是颠覆性的发展。

AIGC 已经为千行百业打开了全新的发展视野。目前 AIGC 的典型应用是利用自然语言描述作为输入指令生成各种模态的数据信息,包括文本、代码、图像、语音、视频、3D 模型等。应用场景主要集中于数字化程度较高和数字化内容生成需求量较大的行业,如电子商务、传媒、教育、金融、医疗等行业。未来,随着社会数字化水平的不断提升,AIGC 的产业价值将得到进一步释放。

一、消费端:AIGC 将催动数字内容消费实现新增长

(一)AIGC 有望塑造数字内容生产与交互新范式,成为互联网内容生产重要的基础设施

随着数字时代的到来,内容作为拉动消费增长的新动能,不仅突破了人们对传统消费及商品的认知与想象,也改变着传统的消费内容、消费模式、消费习惯、交易模式等,由内容创造的新消费场景正在

不断创造新的商业价值。

传统的内容生成模式及产能已经很难满足当前数字内容消费市场的需求,AIGC作为数字时代内容生产、消费及场景建构的基础,正扮演着越来越重要的角色。首先,从内容生产的智能化水平来看,AIGC借助扩散模型的开源应用,成为继PGC、UGC、PUGC之后又一重要的内容生产供给方式。同时相较于PGC、UGC、PUGC的内容生产方式,AIGC最大的优势即在于利用新技术成功实现了机器内容创作的智能化。其次,从内容生成的质量来看,AIGC巨量化的数据训练基础,让其具备了强大的内容生成能力,同时跨模态融合、认知交互力等独特的技术优势,也使得AI生成的内容更具融合性和创新性,能够满足用户多元化的需求。最后,从内容的可及性来看,AIGC真正让数字内容的供给端迈入强需求、视频化、拼创意的螺旋式升级周期。同时,对消费端这一趋势的准确把握,无疑为内容消费在未来新一轮消费场景升级中的积极融入抢占了先机。

AIGC正越来越多地参与到数字内容的创意性生成过程中,并通过人机协同的方式不断释放新的价值,成为未来互联网内容生产领域中重要的基础设施。作为数字场景新基建的AIGC不仅能够自建数字内容,还衍生了数字消费场景中人机协同的生产与交互的新范式。

(二)AIGC的应用生态和内容消费市场更加繁荣

目前,AIGC整体的商业布局正逐步推进从B端向C端的拓展,推动数字消费的全面升级。届时,无论是文字内容市场、图片内容市场、视频内容市场、还是多模融合的内容市场,都将迎来爆发式增长。优质内容的生产与传播成为构成未来传播及消费场景的基础。消费场景中,高产能和快消费形成平衡与匹配,从根本上改变现有的内容消费格局,深度重构现在的内容市场及消费现状,最大限度激发内容市场的活力,为未来数字内容消费市场的繁荣提供支撑。

在以内容为基础构建的数字化消费场景中,AIGC将凭借其在生产方具有的强大优势,为内容消费市场的发展提供强有力的支撑。在保障内容生成产量的同时,也会更加注重对消费者诉求的满足。作为当前新型的内容生产方式,AIGC 已经在传媒、电商、影视、娱乐等数字化程度高、内容需求丰富的行业取得重大创新发展,市场潜力逐渐显现。在过去几年中,AIGC 发展速度惊人,迭代速度更是呈现出指数级变化,AIGC 正在重构整个应用生态。除了谷歌、Meta、百度等一批平台型互联网巨头持续布局 AIGC 领域的发展,一批发展潜力巨大的独角兽创业公司如 Stability AI、Jasper AI 等也陆续出现。根据腾讯研究院发布的《AIGC 发展趋势报告(2023)》内容显示以及 AI 生成画作平台 6 pen 的预测,未来五年 10%~30% 的图片内容将由 AI 参与生成,有望创造超过 600 亿元市场价值,若考虑到下一代互联网对内容需求的迅速提升,据国外商业咨询机构 ARC(Acumen Research and Consulting)预测,2030 年 AIGC 市场规模将有望达到 1100 亿美元。

(三)AIGC 将成为新一代互联网全真互联场景建构的重要基石

随着网络信息技术的不断升级,互联网正迎来新一轮的变革,其发展也将从平面走向立体。全真互联作为下一代互联网的典型模式和显著特征,伴随 3D 技术的不断成熟和完善也将有望逐步实现,为每一个互联网用户带来更真实、更生动、更具沉浸式的体验和交互感受。

伴随着互联网从"在线"走向"在场",3D 互联网时代的网络信息全真互联网载体也将从过去的 2D 图文转向 3D 立体形式,以更好地呈现现实世界。并且这种呈现不再是单向的,还可以实现双向互动,人可以通过虚拟空间,操作和影响真实世界。总体来看,下一代互联网将具备以下明显特征:一是多媒体的信息升维和 3D 化,即多媒体形式将从 2D 平面升维到 3 自由度,甚至 6 自由度,产出远高于传统媒体格式的数据量,来提升媒体内容的表现力、真实性、丰富度和多样性,来满足用户的沉浸式互动需求与体验;二是应用的信息升维和 3D 化,即实现应用从传统的图片、文字、数据到"数字人+虚拟空间",数字孪生等 3D 化的沉浸式升级;三是交互的升维和 3D 化,未来的交互将实现从平面向多模态、空间化的交互演进。

基于上述互联网演进的方向,AIGC 将成为打造虚实集成世界的基石。其中既包括 AIGC 作为技术提供者,在实现数据打通、增强产出和效率方面实现价值,也包括在 3D 模型、场景搭建、角色制作等方面发挥强大的产能优势。AIGC 的引入将为场景建构激发新的灵感。目前已经有企业在 AIGC 生成 3D 内容方面进行了积极的探索。例如成立于 2018 年的魔法科技就是一家以三维计算机图形学和 AIGC 技术为核心的 3D 虚拟人科技公司。该公司成功打造了全球首个端对端的超写实 3D 虚拟人工业化产线,并在此基础上建立了 3D 虚拟人 AIGC 平台"星云平台",还自研了 3D 虚拟人 AIGC 消费级产品矩阵,致力于为各行各业提供高质量、高效率、低门槛、规模化的超写实 3D 虚拟人技术、产品和服务。

(四)聊天机器人和数字人将成为更包容性的新的用户交互界面

智能机器人和虚拟数字人的出现带来全新的用户交互体验,也将人机交互带入了新纪元。自聊天机器人 ChatGPT 出现之后,对话式机器人及其引领的人机互动模式直接带动了新一轮的科技创新热潮。一大批企业纷纷开始尝试基于 OpenAI 的大模型开发并推出自己的聊天机器人产品,聊天机器人正成为当前及之后一个阶段人机交互的主流模式。与此同时,为了提升人机交互的视觉体验,虚拟数字人也迎来了发展的新阶段。

AIGC 有效降低了虚拟数字人制作的门槛,用户仅需要上传图片或者视频,就可通过 AIGC 生成写实类型的数字人,即行为、动作、神情等各方面都高度接近真人的超仿真虚拟数字人。AIGC 还提高了虚拟数字人在多模态交互中的识别感知和分析决策能力,使其更神似人,让用户的人机互动体验更自然、更流畅。

（五）AIGC 将作为生产力工具来推动元宇宙发展

元宇宙作为一个以三维空间为基础的虚拟世界，需要有 3D 建模技术的支撑，才能将实物或场景转化为模型，为元宇宙提供基础的景观。同时，元宇宙当中的虚拟角色和智能设备都要求具备高度的智能化水平和决策能力。AIGC 作为内容创造的主要模式，通过提高产能和降低技术门槛，可以真正意义上吸引最广范围的用户参与，只有海量用户创造力迸发，才能真正让元宇宙实现落地。

首先，只有通过 AIGC，元宇宙才可能以低成本、高效能的方式满足海量用户的多元化、个性化、创意性的内容需求。其次，AIGC 可以为构建沉浸式的元宇宙空间环境提供核心技术，并成为元宇宙空间和内容建构的直接生产力。最后，AIGC 将赋予用户更多的创作权利和自由，激发用户的参与感、成就感与创作热情。

二、产业端：合成数据有力支撑 AIGC 未来发展

随着人工智能从"模型为中心"向"数据为中心"转变，数据在人工智能发展中的价值将进一步凸显。而事实上，在人工智能发展的进程中，现有的数据资源总有被消耗殆尽的一天。有研究预测，到 2026 年 ChatGPT 等大型语言模型训练将耗尽目前互联网上的可用文本数据。为了有效规避数据资源耗尽对数字社会发展造成的潜在威胁，基于算法人为生成符合真实世界情况的数据——合成数据应运而生了。

合成数据是通过计算机算法生成的数据，其目的是模拟真实世界数据的特征和分布。合成数据是伴随着机器学习的发展而发展的，合成数据不仅可以有效缓解潜在的数据资源短缺问题，还可以有效解决 AI 模型训练中数据量不足导致的训练能力不强等问题。据 Gartner 预测，到 2024 年，60％用于 AI 开发和分析的数据将会是合成数据；到 2030 年，合成数据将彻底取代真实数据，成为 AI 模型所使用数据的

主要来源。截至 2022 年,国外合成数据企业数量已经突破 100 家,市场规模正在逐步增长,预计 2027 年将达到 11.5 亿美元。

(一)合成数据将为 AI 模型训练开发提供强大助力,推动 AI 持续进化

以 ChatGPT 为代表的 AIGC 技术核心优势在于大数据基础上训练出来的大模型。但随着大模型的不断涌现,一方面,现有的数据资源和质量已经很难满足模型开发的需要,更难支撑 AI 进化的需要;另一方面,大模型在训练时通常需要大型、准确标记的数据集,这就需要大量的人力和时间投入。而合成数据以成本更低、易规模化、隐私保护合规的方式提供接近真实世界的数据,可以有效保证模型训练的需求,为 AI 的持续进化提供支撑。

(二)合成数据有助于破解数据难题,持续激发 AIGC 商业价值

人工智能的发展应用离不开数据的支撑,但真实世界的数据常常存在获取量有限、获取来源不清晰、数据涵盖范围不足、数据质量参差不齐、数据标准不统一、数据安全性不高等诸多问题。此时,合成数据就可以作为真实数据的有效替代品。目前的合成数据主要包括表格数据/结构化数据、图像、视频、语音等媒体数据,以及文本数据。这些数据并非凭空捏造,仍然来源于真实场景,因此已经在多个领域都有应用。随着 AIGC 技术的持续创新,合成数据将迎来新的发展契机,并迸发出更大的产业发展动能和商业应用活力。

(三)合成数据产业成为数据要素市场新商机,科技巨头和创新企业纷纷布局

合成数据蕴含的巨大价值,使其成为 AI 产业生态当中一个新的价值领域。一方面,国外的主流科技企业纷纷瞄准合成数据,进行投入与布局;另一方面,合成数据作为 AI 领域的新经济增长点,相关创新创业项目纷纷涌现,合成数据的投资价值逐渐凸显,合成数据即服务的商业模式开始出现,并且前景十分广阔。根据 Cognilytica 的数据,合成数据市场规模在 2021 年大概是 1.1 亿美元,到 2027 年将达到 11.5 亿美元。Grand View Research 预测,AI 训练数据市场规模到 2030 年将超过 86 亿美元。

(四)合成数据将加速数实融合的虚拟世界的构建步伐

合成数据终极应用是借助游戏引擎、3D 图形、AIGC 技术构建数实融合的大型虚拟世界。而随着元宇宙从科幻到现实的逐步落地,打造具备新型社会体系的元宇宙世界,并形成现实世界与虚拟世界的映射与交互,为人们提供更广阔的发展空间。元宇宙的出现将重塑人类未来的虚拟世界,为人类社会的发展提供新的空间。首先,大型虚拟世界可以提供人工智能开发所需的数据和场景,为 AI 应用开发提供"加速度"。其次,大型虚拟世界为各行各业训练开发 AI 提供了试验田。最后,在大型虚拟世界中通过 AI 连通虚拟与现实,实现 AI 数实融合。

三、社会端:AIGC 助力社会提升整体创造力

(一)加速推进社会的整体数智化水平

AIGC 的加速升级与进化,催动了新一轮的科技创新,成为推动新一轮技术形态、产业生态革新的基础动能,也是改变社会创新模式、促进经济繁荣的关键路径。

AIGC 的核心优势是实现了"自然语言"与人工智能的高度互通与融合,机器由此具备了基于自然语言模型提示的学习与推理能力,甚至包括知识渐进、增强性的推理,这就为数智社会的构建提供了坚实的保障。

同时基于海量、准确、安全的数据基础所展开的模型训练,也让AIGC具备了学习、抉择、修正、推理,甚至是根据反馈修正行为的能力,这是一种突破传统线性思维的框架模式,因此实现了非线性思维推理的强大功能。随着越来越多的具备深度学习能力的大模型的涌现,传统的创作互动模式逐步升级为AIGC模式,将彻底激发社会在内容生成领域的创新力与活力。

此外,AIGC技术的迭代是以几何级数扩展为基础的,而在实际应用场景中用户并不需要太高的技术门槛,便可以根据场景需要,生成高效率、低成本的优质内容。AIGC将通过与千行百业的结合,形成"AIGC+"的社会效应,通过高质量的数字内容供给,提升社会整体的数智化水平。

(二)用新思维引领行业新变革

AIGC大幅度提高内容生产率,节省了时间和人力成本,对各行各业的生产方式产生了深远的影响。如AIGC参与的营销领域,营销文案的成本仅为人工撰写的1/30,且具有更高的质量。在跨文化传播领域,AIGC生成的内容包含多语言场景,成功打破了语言壁垒,有力推动知识的跨文化传播。

AIGC在医疗、金融、新闻等领域带来了前所未有的变革。尤其是教育领域,AI生成的内容可以帮助学习者快速制订学习计划,并提供个性化的学习资源,进一步提高了教育的质量。在医疗领域,依托覆盖海量病例和医学知识的大模型,AIGC已经实现ZAI智能问答、家庭医生助手、数智医疗影像平台等多场景的应用。

AIGC也正在为区块链、Web 3.0和元宇宙的实现提供积极助力。如合成数据的供给能力,将为元宇宙的实现提供基础的保障,从数字内容、数字主体等角度对元宇宙的建构不断完善。

(三)新职"场"推动人技共生新发展

AIGC对各行各业的影响将是颠覆性的,在影响产业结构的同时，必然影响就业结构。一些传统职业将面临被取代的风险，例如传统的文案撰写、部分类型的新闻报道等。但与此同时，新的就业岗位也将诞生，如内容审核、技术应用开发等相关的岗位。为此，人们需要不断学习和适应这一变革，以在 AI 时代找到新的职业定位。

在应用中，虽然 AI 已经表现出了越来越智能的类人属性，但仍具有很多局限，当涉及感知和操作能力、逻辑推理、情感互动等问题时，技术就显得无能为力了。在未来的就业场景中，人应当不断释放其在创造性、战略性和道德性方面的独有优势，同时让 AI 在数据处理、计算和执行方面表现出强大的能力，并通过人机协同创造更大的价值。这就需要人们从当下开始，不断提高自身的数字素养，了解 AI 的工作原理、优势和局限，大力推广人工智能及 AIGC 的相关教育，覆盖不同年龄层和职业领域，为 AI 时代的到来培养具备 AI 素养的公民。拥有较多的数字素养不仅能使人们更加客观、理性地看待技术同自身的关系，帮助人们更好地利用 AI 技术，还可以有效规避因对 AI 技术过度依赖而存在的风险与问题，通过恰当的"人技关系"建立，推动人与技术的和谐共生发展，为人类社会的进步创造更大的价值。

第三节　AIGC 的市场及商业现状

一、AIGC 的里程碑之作 ChatGPT

OpenAI 开发的聊天机器人——ChatGPT 被视为目前 AIGC 领域最前沿的技术及产品代表。ChatGPT 通过大规模预训练模型，具备自然语言理解和文本生成能力，可以执行文本转换、文本翻译、生成摘要、分析情感等多种任务，凭借其强大的功能，已经在诸多社会传播场景中得到应用。

随着深度学习、自然语言处理技术的发展,ChatGPT 的出现看似突然,实则是情理之中。ChatGPT 仅仅是 OpenAI 开发的多个语言模型之一,ChatGPT 和其他语言模型的开发是 OpenAI 产品系列的一部分,该公司同类的 AIGC 产品还包括艺术类专业生成软件 DALL·E2。2022 年 11 月 30 日,人工智能研究公司 OpenAI 正式推出新一代聊天机器人——ChatGPT,ChatGPT 发布仅 5 天,注册用户就超过了 100 万。上一个创造类似产品注册奇迹的是社交媒体脸书(Facebook),但当时脸书用了 10 个月。ChatGPT 发布 2 个月后,产品的激活用户达到了 1 个亿,成为全球历史上消费者数量增长最快的应用(见图 3.2)。

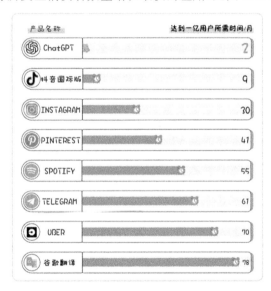

图 3.2　ChatGPT 用户突破 1 亿仅需 2 个月
资料来源:法治网舆情中心①,瑞银集团。

作为一款人工智能技术驱动的自然语言处理工具,ChatGPT 采用的是 Transformer 神经网络架构,它可以通过连接大量的语料库来

---

① 详见 http://www.legaldaily.com.cn/The_analysis_of_public_opinion/content/2023-05/24/content_8857585.html。

训练模型,其中不乏源于真实生活场景的丰富对话,从而有效帮助
ChatGPT 进行更加精准的语言理解和文本生成。在具体的应用场景
中,ChatGPT 主要是通过对话的方式来生成内容,因此也被称为人工
智能对话聊天机器人。在同人类对话的过程中,它不仅能够在准确理
解问题的基础上,模拟人类的语言行为,同用户进行自然、流畅的对
话,还能够进行多种形式的内容创作,如编写代码、制作文案、编辑邮
件、撰写讲稿等。ChatGPT 一经推出,便迅速在社交媒体上走红。对
于 ChatGPT 的出现,特斯拉 CEO 埃隆·马斯克表示:"ChatGPT 很
惊人,我们离强大到危险的人工智能不远了。"比尔·盖茨称:"这让我
能一窥未来,整个平台的方法和创新速度都令我印象深刻。"

美国数字媒体公司 BuzzFeed 宣布,计划使用 OpenAI 提供的人
工智能技术开展个性化的内容生产。2023 年 3 月 14 日,OpenAI 发
布了最新一代多模态大模型 ChatGPT-4。相较于先前的大模型系列,
ChatGPT-4 在创造力、理解力以及视觉输入等方面的能力都得到了显
著的提升(见图 3.3)。

ChatGPT can see, hear, and speak

Chat with images

Create new images

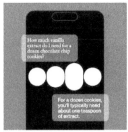
Chat with voice

图 3.3　可实现多模态交互的 ChatGPT

资料来源:https://openai.com/chatgpt。

(一)ChatGPT 的核心特质

本质上 ChatGPT 是一个基于语言模型的聊天软件,其优势突出表现在可以通过自然对话方式进行交互,自动生成文本内容,自动进行复杂语言的回复。ChatGPT 之所以具备这么强大的理解力和人机交互能力,主要还是依托其背后的 GPT(Generative Pre-trained Transformer)大语言模型。GPT 可以用于生成文章、代码、翻译、问答等。

1.超强的自然语言处理能力

自然语言处理模块被视为 ChatGPT 的核心模块。在自然语言处理方面,首先,ChatGPT 将先进的深度学习和自然语言处理技术相结合,在准确的语义分析、情感分析、实体识别的基础上,实现对用户意图的准确理解。其次,ChatGPT 利用先进的神经网络模型来实现自然语言处理,包括自然语言识别和输出,并在准确理解用户自然语言表达的前提下,根据用户给出的场景、语境来推断用户的需求,最终生成令用户满意的答案。最后,ChatGPT 还通过自然语言的人机交互界面的设计来保障交互的自然与顺畅。交互界面的设计不仅提高了互动的效率,降低了沟通的成本,还在无形中降低了工作的专业门槛,传统的专业壁垒就可以实现破壁,例如计算机编程并非只有具备计算机专业知识的人士才能完成,同样,服装设计也不再是非专业人士难以涉足的领域,通过强大的生成式 AI,有效扩大了认知和执行的边界,实现人机交互的无限可能,对于改变传统工作方式、提升工作效率有着不可低估的价值。

2.大数据有力支撑学习能力提升

庞大的数据支撑让 ChatGPT 在训练过程中接触到了大量的文本数据,这使得它拥有庞大的知识库。ChatGPT 的训练使用了大约45TB 数据,其中包含了近 1 万亿个单词的文本内容。这些知识来源于包括技术、文化、历史、科学等在内的多个专业领域,为与用户的互动提供了全面、丰富的信息支持。同时,神经网络学习与庞大数据库的结合,还让 ChatGPT 通过大量的训练数据,拥有一定的推理和分析能力。这使得 ChatGPT 不仅能就相关知识点做出回应,还能根据上下文和语境进行逻辑推理、判断和分析,从而更好地与用户展开互动。

3.强大的自我学习和自进化能力

ChatGPT 在不断接触新数据的过程中,还具有较强的自我学习和自我进化能力。通过对新数据的学习,ChatGPT 能够不断优化已有的模型,以提高已经具备的自然语言处理、推理和分析等能力。只是目前这种能力仅限于模型更新和再训练阶段,并不能实时进行。同时,ChatGPT 还具备解决场景变换问题的能力,它可以生成包括问答、对话、描述等在内的各种文本类型,满足不同场景下的应用需求;也可以在处理复杂问题时表现出一定的灵活性,能够主动适应场景的变化,为用户提供有针对性的解决方案。

(二)ChatGPT 与普通 AI 工具的区别

传统的 AI 工具,如小冰、小艺、小度、小 Q 等,只能进行一问一答的互动,对问题的回答有时甚至缺少逻辑性和语境支撑,因而会出现答非所问的情况。ChatGPT 则不同,它是基于一个巨大的预训练语言模型,并经过深度训练的结果,不仅可以快速做出回应,还可以更好地理解人类的问题,生成高质量的文本信息。

(1)超级体量的训练数据支撑。ChatGPT 的训练模型使用了海量的网络文本和其他数据,使其能够达到最佳的自然语言处理能力。

(2)超强的语言处理能力。ChatGPT 具有超强的自然语言处理能力,可以完成各种自然语言任务,如语音识别、生成文本、回答问题、连续对话等。

(3)超强的知识储备。ChatGPT 经过了 45TB 的数据训练,具备了广泛的知识储备,基本可以应对常人提出的各种问题。

(4)强大的推理能力。ChatGPT 的推理能力源于 GPT 模型的深度学习方法,通过这种方法可以利用大量数据和计算资源来训练模型,以理解和生成自然语言或代码。特别是 GPT-4,还使用了更多的人类反馈来改善原有的技术短板,提高了安全性和对齐性,使产生内容的适配性更高,从而提供更准确的回答。

(5)支持更长的内容输入和输出。相较于其他 AI 工具,ChatGPT 能够处理的内容长度更长,这主要取决于模型的设计和设置。随着 OpenAI 不断推出新的 GPT 模型,用户能够与 ChatGPT 进行更长的对话,比如 GPT-4 可接受的文字输入长度就增加到了 3.2 万个 Token,相当于 2.4 万个单词,同时也接受更长的文本输出,最长能处理 25000 个单词的文本。如果用户提交的文本超过了一定的 Token 限制,还可以采用分批提交的方法进行互动和提问。

二、国内外代表性的 AIGC 平台及工具

(一)国外 AIGC 领域主要公司及技术、商业布局

1. 微软

微软成立于 1975 年,是一家国际知名的科技公司,主营业务包括软件开发、服务支持、设备提供和解决方案,产品包括操作系统、服务器应用程序、桌面和服务器管理工具、软件开发工具和视频游戏等。此外,微软也设计和销售电脑、游戏及其他智能设备和相关配件等。

在国际互联网巨头中,微软在 AI 领域的布局起步较早。2014 年就开始进行从应用端到云端的转型。2018 年开始在人工智能、元宇宙、量子计算等领域进行积极布局和投入。2019 年,微软向 OpenAI 投资 10 亿美元,为其旗下产品的模型训练提供全方位的云服务支持,试图实现 AI 领域的弯道超车。

在对 OpenAI 的投资中,微软在关注技术研发的同时,也积极布

局 OpenAI 的商业化落地,将 OpenAI 的技术与自有产品进行集成。2020 年,微软将 GPT-3 模型应用于 Office、Bing、Microsoft design 等产品中。2023 年 1 月,微软再次向 OpenAI 追加数十亿美元的投资。随后,微软宣布旗下所有产品均实现同 ChatGPT 的整合,包括搜索引擎 Bing、办公全家桶 Office。目前,微软已发布了四款基于 ChatGPT 的融合应用,包括视频会议 Teams 的智能概述、销售应用 Viva Sales 的邮件自动回复、搜索引擎 Bing 的互动聊天获取答案、浏览器 Edge 的聊天和编写功能。随着微软在云计算平台 Azure 中整合 ChatGPT 的推进,未来微软的每个产品都将具备相同的 AI 能力。

目前,微软的 AI 布局主要体现在三个方面:云计算、办公软件和搜索引擎。在云计算方面,微软将 OpenAI 的大语言模型 ChatGPT 和 GPT-4 等集成到旗下的 Azure 平台上,实现为开发者提供便捷的 AI 应用开发和部署服务。在办公软件方面,微软将 ChatGPT-4 等生成式 AI 能力嵌入 Microsoft 365 的应用程序中,如 Word、Excel、PowerPoint 等,通过自然语言提示,帮助用户提高工作效率和创造力。2023 年 11 月,微软开始向企业用户正式销售 Microsoft 365 Copilot 服务,收费标准为 30 美元/月。在搜索引擎方面,微软利用 Bing 的海量数据和 AI 技术,提升搜索结果的智能化水平和搜索结果的准确性,并推出了 Bing Spotlight 等新功能,为用户提供更加个性化和多样化的信息。

微软将 2024 年定义为"AI PC 之年",也将这一年视为企业发展的"iPhone 时刻",通过多年在 AI 领域的积累,微软将对新款 Windows 笔记本电脑和个人电脑(PC)的键盘进行重大调整,迎接 PC 的智能时代。2024 年年初,微软就宣布将 Copilot 键引入 Windows 11 笔记本电脑,让用户只需按下键盘按键就能快速访问 AI 驱动的 Windows Copilot 服务,届时设备将向用户提供类似 ChatGPT 的聊天机器人功能,可以回答用户问题,甚至帮助用户创建图像、写电子邮件和总结文本。首批专为企业打造的 AIPC 已于 2024 年 3 月正式发布。

Copilot 键的引入标志着微软已经实现将人工智能从系统、芯片到硬件无缝融入 Windows。对于用户而言，这意味着个人电脑领域将迎来一个重大转变，即一个更加个人化和智能化的计算时代即将到来。

在一系列布局之下，微软为其 AIGC 及人工智能其他相关领域的爆发积聚了强大的力量。在 AIGC 已经开启的新一轮科技革命中，微软的提前布局必将为其在激烈的竞争中争得一席之地。

2. 谷歌

谷歌公司成立于 1998 年 9 月 4 日，是全球最大的互联网科技公司之一，业务包括互联网搜索、云计算、广告技术等，同时开发并提供大量基于互联网的产品与服务，主要产品覆盖软硬件、网络服务、谷歌云端业务等，主要利润来自服务收费。目前，谷歌已经形成了十分稳定的产品与服务生态网络，全球用户超过了 43 亿人。

谷歌始终坚持技术与商业并重的发展战略。谷歌自有的技术创新能力为其商业发展提供了强大的支撑。如使用 Page Rank 算法的谷歌搜索引擎一经推出便成功超越了同期同类的传统搜索引擎。商业盈利也为其研发提供了重要的资金保障，目前谷歌已在全球设立了16 个研究中心。2017 年 12 月 13 日，谷歌 AI 中国中心（Google AI China Center）在北京成立。

与微软的投资布局不同，谷歌选择全面主动布局 AIGC。2014 年谷歌收购了人工智能公司 DeepMind，2015 年 DeepMind 成为谷歌母公司 Alphabet Inc. 的全资子公司。2016 年谷歌开始实施战略转型，从"Mobile First"转向"AI First"，AI 逐步成为谷歌战略布局中的重要环节。同年 DeepMind 发布了 AlphaGo，成为 AI 技术走向新阶段的重要标志，也由此掀起了第三轮 AI 发展的浪潮，在全世界范围内引发人们对人工智能技术的关注。2023 年 DeepMind 与 Google Brain 合并，共同探索 AI 发展边界。谷歌在深度学习框架、算法模型、算力等多方面深入布局，并且形成了自己独特的技术优势与发展先机。

近十几年来，谷歌搜索始终占据着搜索引擎市场第一的位置。全球网页搜索市场的市场规模高达 1200 亿美元。截至 2023 年，谷歌占到了全球互联网搜索引擎市场份额中的 90.60％，其旗下产品占比 3.12％。Chrome 串联起谷歌整体生态。Chrome 默认搜索引擎为谷歌搜索，目前 Chrome 上已经集成了超过 13 万个扩展应用，这些扩展应用为谷歌的 AI 布局奠定了良好的前期基础。目前谷歌已经在搜索引擎接入大语言模型，如 New Bing 给出的 AI 生成建议或者答案就附带有信息来源的链接，也会通过抓取来自整个网页的结果，汇总答案。谷歌正在从根本上改变传统的互联网搜索方式，这标志着谷歌的搜索引擎正在尝试利用网络资源来创建自己的内容，而不是传统意义上的链接、引用其他网站的内容。

谷歌的 AI 布局主要放在广告业务和云业务方面。在广告业务方面，谷歌通过使用深度学习、自然语言处理技术，提升广告投放效果和用户体验，并推出了一系列新产品和服务，如响应式搜索广告（Responsive Search Ads）、响应式展示广告（Responsive Display Ads）、响应式视频广告（Responsive Video Ads）等，让广告主可以通过用户的搜索意图、兴趣和行为，自动生成和优化广告内容和格式。在云业务方面，谷歌通过与 OpenAI 的合作，将 ChatGPT 集成到谷歌云平台上，为企业客户提供了 AI 解决方案。

此外，谷歌云还推出了一系列 AI 产品和服务，满足用户多样化的需求。例如在写作方面，谷歌推出 AI 写作协助工具 LaMDA Wordcraft、文本转图像 AI 模型 Imagen 和音乐生成工具 MusicLM，还有诸如 AutoML、Cloud AI Platform、Cloud Vision API 等产品，帮助用户实现更全面的数据分析、机器学习、图像识别等。借助 AI 写作助手、生图助手、音乐生成助手等，谷歌实现了全方位的 AIGC 战略布局，为其在 AIGC 产业生态的建构奠定了基础。

3.亚马逊

亚马逊成立于 1994 年，是互联网上最早开始经营电子商务的公司之一。其最初只经营线上书籍销售业务，如今已经成为全球商品品种最多的网上零售商和全球第二大互联网企业。

亚马逊的 AI 布局主要体现在两个方面:电商业务和 AWS 业务。在电商业务方面,亚马逊通过使用语音助手、推荐系统、图像搜索等 AI 技术,来提升用户的购物体验,并推出了一系列新产品和服务。例如,在搜索结果中引入了 Sponsored Brands Video,在购物车中引入了 Sponsored Display,在 Prime Day 期间引入了 Alexa Deals 等,让用户更容易发现并购买感兴趣的商品。在 AWS 业务方面,亚马逊通过提供各种 AI 服务和工具,为企业客户提供了 AI 解决方案。例如,AWS 推出了 Amazon SageMaker、Amazon Rekognition、Amazon Lex 等,让企业客户更容易构建、训练和部署机器学习模型,并实现语音识别、图像分析、自然语言理解等功能。

2023 年,亚马逊推出了新型云服务 Bedrock。Bedrock 的定位是生成式人工智能(GPT)解决方案。该服务利用了亚马逊的"Titan"模型,使用深度学习算法进行模型训练,可以识别并理解人类语言,并生成高质量的文本。"Titan"模型不仅在亚马逊的搜索引擎中得到了广泛应用,还为开发者提供了一种高效、准确和可靠的方式来构建自己的应用程序。Bedrock 的目标是提高软件的性能和效率,通过整合 Titan 模型、AI21 和 Anthropic 等语言模型,以及 ChatGPT 技术,为开发者建立一个全面而强大的云计算平台,帮助企业快速构建并优化自己的软件和应用程序。

亚马逊 AI 布局的核心优势在于成熟的电商平台、庞大的用户数据和领先的 AWS 服务。通过将 AI 应用于电商业务和 AWS 业务,亚马逊不仅实现了营收的稳定增长,还为 AIGC 时代的创新开辟了新的路径。

4. OpenAI

OpenAI 成立于 2015 年 12 月,由埃隆·马斯克(Elon Musk)、萨姆·奥尔特曼(Sam Altman)、彼得·泰尔(Peter Thiel)和里德·霍夫曼(Reid Hoffman)等发起。OpenAI 最初是一个人工智能研究实验室,由非营利性的 OpenAI Inc. 及其营利性的子公司 OpenAI LP 共同组成,旨在推动人工智能技术的发展和应用。

在成立初期,OpenAI 的重点领域集中于机器学习和自然语言处理。2017 年,Transformer 模型正式推出。OpenAI 自此以 GPT 架构的 LLM 为主要方向,并逐步将资源转至 LLM,开启了 GPT 算法路径的探索之旅。2018 年 6 月,OpenAI 发布了 GPT-1;2019 年 2 月,推出了 GPT-2(1.5B);2020 年 5 月,推出了 GPT-3。GPT-3 的推出直接导致了 OpenAI 股权架构的重构和商业化转型。2019 年 3 月,OpenAI 由非营利组织正式改为有限营利组织。

OpenAI 正式推出了商业化 API 接口。GPT-3 不仅生成能力极强,在理解能力上也已经开始超过其他同类产品。2018 年之后,基于 GPT-3,API 构建的应用生态持续发展,诞生了一系列明星公司,如 Jasper、Repl. it、Copy. ai 等。

2022 年 11 月 30 日,在行业预期 GPT-4 即将发布之际,OpenAI 突然发布了开发用时不到 1 个月的 ChatGPT,引发了新一轮的 AI 热潮。ChatGPT 第一次让没有编程能力的用户有了和 LLM 交互的界面,普通用户开始从各种场景面对 LLM 能力进行挖掘和探索。

OpenAI 创立之初即定位于开展人工通用智能(AGI)的研究,以确保 AI 能够造福全人类,这也是其名字的来源,推动人工智能的开放与进步。事实上,OpenAI 已兑现了其初衷,基于 OpenAI 提供的一系列可用于通用活动的 AI 模型,普通用户已经实现运用人工智能技术开展写作、阅读、编程和图像处理等内容领域的创造性活动,OpenAI 让 AGI(通用人工智能)真正走进了普通人的日常生活。值得期待的是,未来 OpenAI 能够在先进的人工智能技术领域创造更多的奇迹,让人工智能技术为人类社会带来更多的福利和发展机遇。

(二)国内 AIGC 领域主要公司及技术布局

在国内众多的互联网企业中,百度最早官宣并在 2023 年上线百度版 ChatGPT——"文心一言"。随即腾讯也表示正在有序推进对标

ChatGPT 的对话式产品,并专门成立了"混元助手"项目组。京东宣布推出产业版 ChatGPT——ChatJD。网易有道采用差异化竞争策略,重点在教育领域展开布局。360 也对外宣布推出类 ChatGPT 的 demo 版产品计划。由此可见,国内的互联网巨头纷纷投入 AIGC 产业的蓝海,积极抢占市场,拥抱机遇,无形中已经为 AIGC 产业的爆发营造了良好的市场氛围。

2017 年 7 月,国务院印发《新一代人工智能发展规划》(以下简称《规划》),这是 21 世纪以来中国发布的第一个人工智能系统性战略规划,该《规划》提出了面向 2030 年中国新一代人工智能发展的指导思想、战略目标、重点任务和保障措施。

1. 阿里巴巴:通义千问大模型

阿里巴巴在 2023 年 4 月召开的阿里云峰会上正式推出"通义千问"。它在本质上同 ChatGPT 一样,也是一个由 AI 驱动的超大语言模型。不同点在于它并未采用 GPT 的 Transformer 模型,而是采用了阿里巴巴旗下达摩院自主开发的大规模语言模型,也称为通义大模型。这个语言模型包含了大量的语言和文本数据,语言方面包括汉语、英语、日语、法语、西班牙语、德语等多种语言数据;知识方面涵盖了文学、历史、科学、艺术等多个专业领域的知识数据和技术文档。目前通义千问已经可以跟 ChatGPT 一样,实现多轮对话、文本创作、逻辑推理、多模态理解以及多语言支持。通义大模型具备完成多种任务的统一能力。这种统一能力主要体现在三个方面:一是架构统一,使用 Transformer 架构,统一进行预训练,在应对多种任务时,不需要增加或者改变模型;二是模态统一,不论是单模态任务还是多模态任务,都采用同样的架构和训练思路;三是任务统一,采用序列生成的方式,将全部单模态、多模态任务统一通过序列到序列生成的方式表达,实现任务输入的统一。

值得一提的是,通义千问是一种基于知识图谱的问答系统,通过结合知识图谱和自然语言处理技术,利用知识图谱中的上下文信息进行推理和联想来生成内容。因此它需要先将问题转化为知识图谱中的查询,再通过比对图谱中的实体、属性和关系来给出答案和反馈。借助知识图谱的知识构成原理,通义千问可以轻松回答各种类型的问题,包括事实性问题、定义性问题、关系推理问题等,还可以通过追问,同用户进行深度互动(见图 3.4)。

图 3.4 通义千问官网页面①

其实早在 2019 年,阿里云就开始进行大模型研究。阿里巴巴智能设计实验室研发的虚拟模特"塔玑"及 AI 视觉物料生成系统"阿里鹿班"都是该集团在 AIGC 领域探索的重要成果。2020 年年初,阿里巴巴正式启动中文大模型研发。2021 年,阿里巴巴先后发布国内首个超百亿参数的多模态大模型 M6 和有着"中文版 GPT3"之称的语言大模型 PLUG,之后才训练实现了全球首个 10 万亿参数的 AI 模型。为推动中国大模型研发和应用,阿里巴巴还在"魔搭"社区上开源了十多个百亿参数的核心大模型。

目前,阿里巴巴旗下的多个产品已经接入了通义千问,帮助产品朝着智能化的方向迈进。在测试接入大模型之后,钉钉已经能够实现自动生成小程序应用等功能,在工作群当中,也可以根据聊天内容、会

---

① 详见 https://tongyi.aliyun.com/qianwen/? spm=5176.28326591.0.0.40f76ee191Udra。

议内容形成聊天摘要、会议纪要。此外,钉钉还可以根据用户在钉钉文档中提出的要求,进行相关的内容创作、生成创意图片等。

　　除了内部产品,阿里巴巴未来还将面向企业开放通义千问大模型,结合不同企业的行业特点、市场前景、用户需求等训练企业专属的大模型,帮助企业获得专属的智能客服、智能语音助手、智慧物流系统和 AI 设计师等(见图 3.5)。

图 3.5　冬日夕阳映照下的雷峰塔(由笔者通过通义万相大模型生成)

　　2023 年下半年,阿里巴巴又推出了 Qwen-VL 模型,实现图像、文本作为输入,并以文本、图像、检测框作为输出,让大模型具备"看"的能力。几个月后,又陆续推出 Plus 和 Max 两大升级版本,并在多模态标准测试中达到了与 Gemini Ultra 和 GPT-4V 几乎持平的水准。

2024 年年初,通义千问推出了新升级的视觉语言大模型 Qwen-VL-Max,实现了强大的图像理解能力(见图 3.6)。

| 2021 | 2022.02 | 2022.12 | 2023.09 | 2023.11 | 2023.12 | 2024.01 |
| M6 | OFA | OFA-Sys | Qwen-VL | Qwen-Audio | Qwen-VL-Plus | Qwen-VL-Max |

图 3.6　通义千问语言模型的演进历程

资料来源:https://www.thepaper.cn/newsDetail_forward_26152518。

除了通义大模型,阿里巴巴在智能营销领域早已融入了 AIGC 技术,以阿里巴巴旗下的大数据营销平台阿里妈妈为例。在广告投放的过程中,商品的创意图是商品营销的重要形式,但对于商家来说,商品创意图片的设计耗时耗力,还不一定能达到理想的营销效果。为了帮助商家解决这一问题,阿里妈妈推出了智能生成创意图片的图文创意系统。通过 AI 模型组合创意元素生成创意图片,极大节省了商家的时间成本。另外,阿里妈妈还推出了 ACE 智能剪辑系统,帮助淘宝商家进行个性化的视频剪辑,为商家提供高质量的直播剧本。首先,系统对直播数据进行分析,梳理不同行业对成交有利的内容标签,据此对内容进行智能剪辑和优化,形成更具行业特色和个性化的直播剧本。其次,系统能够根据视频内容提炼出吸引消费者的标签,在直播中展示标签,吸引消费者观看,为消费者提供决策依据。最后,系统还会根据直播数据,对标签内容和直播效果进行分析,并对剧本进行优化。在智能系统的助力下,商家的直播效果显著提升,AIGC 相关技术的应用也得到了商家的认可与青睐。2023 年天猫双 11 的数据显示,双 11 周期,阿里妈妈超级直播助力合作店铺直播间 GMV(商品交易总额)同比涨超 80%。

2.腾讯:混元大模型

作为与科技前沿紧密相关的国内第一代互联网企业,腾讯的主营业务涵盖社交和通信服务、社交网络平台、游戏、门户网站、新闻客户端、网络视频服务等,多年来一直深耕 AI 领域,目前已建立起四个大型的 AI 实验室,研究涵盖了基础层和应用层,具体研发领域包括机器人、量子计算、5G、边缘计算、IoT 物联网等。从产出角度看,目前腾讯的专利申请数位列国内互联网公司首位,在全球互联网公司中排名第二,仅次于谷歌。

2016 年,腾讯的 AI Lab 实验室推出了围棋机器人 AI"绝艺",并在第 10 届 UEC 杯世界计算机围棋大赛上,全胜夺得冠军。自 2018 年起,"绝艺"无偿担任中国国家围棋队训练专用 AI。除此之外,腾讯还依托海量的互联网经验、先进的技术在布局腾讯云与 AI 的联合,在云上拥有资源、数据和算法优势之后,腾讯也通过 AI Cloud 把这些资源分享给客户,以产生更多的市场价值。

2017 年,腾讯将人工智能技术运用到医学领域,发布了可以辅助医学影像筛查以及医学诊断的 AI 产品"腾讯觅影"。腾讯对外发布的数据显示,截至 2018 年 10 月,"腾讯觅影"共分析了 700 万份病例,提示了 17 万次高风险,阅读影像上亿张,提示风险病变 15 万例。

在 AIGC 领域,2022 年腾讯就已经成功将"数字人"升级到"数智人"。依托新一代的多模态人机交互系统,通过语音交互、自然语言理解、图像识别等技术,同时连接腾讯丰富的内容和服务生态,目前腾讯"数智人"已供职于传媒、金融、出行、文旅等多个行业领域。2022 年 7 月,中国国家博物馆联合腾讯云智能推出数智人"艾雯雯"。它不仅表达流畅,对 140 余万件藏品信息如数家珍,理解、应变能力也很强,带给参观者以全新的感受和体验(见图 3.7)。

2022 年北京冬奥会期间,腾讯云智能数智人"聆语"上线央视频担任 AI 手语翻译官,与听障观众一同见证中国队夺冠瞬间。在技术方面,腾讯通过整合多模态交互技术、3D 数字人建模、机器翻译、语音识别和自然语言理解等技术,让"聆语"的手语表达能力接近真人。为了提高内容生成的专业性,腾讯还自主研发了一套可视化动作编辑平台,可以让手语老师高效率地对全量手语动作进行精修。腾讯 3D 手语数智人"聆语"词汇和语句覆盖量超过 160 万个,手语可懂度达到

90％以上（腾讯新闻、央视新闻的报道），技术水准处于行业领先水平。

图 3.7　国博虚拟数智人：艾雯雯

资料来源：https://www.chnmuseum.cn/portals/0/web/zt/aiwenwen/list-zhx.html。

在 AIGC 领域，腾讯云于 2023 年推出了全栈解决方案，依托腾讯云在大模型、机器学习等方面优势，通过升级 MaaS（模型即服务或大模型服务），提供 AIGC 全链路内容安全解决方案。在具体应用方面，腾讯对数据集进行预处理，为企业提供自动化审核服务、定制识别服务等审核解决方案，再通过 AIGC 大模型进行训练和微调，构建起完善的内容审核平台，实现智能化拦截敏感内容，保障了端到端的合规，有效解决了 AIGC 落地的内容合规层面问题，让 AIGC 服务更可信。AIGC 的出现还加速了腾讯 SaaS（软件即服务或软件提供服务）从流程化向智能化的发展，腾讯云的图像生成、视频生成、语音转文字等 AI 原生能力，已经可以为互联网企业服务应用的众多场景提供技术支撑。

2023 年 9 月，腾讯推出了混元大模型（见图 3.8）。该模型拥有超千亿参数规模，预训练语料超 2 万亿 Tokens，具有强大的中文理解与创作能力、逻辑推理能力及稳定的任务执行能力。据腾讯官方网站，混元大模型具备持续训练的能力,支持多轮对话,具备上下文理解和长文记忆能力,可流畅完成各专业领域的多轮问答;内容创作方面,支持文学创作、文本摘要、角色扮演,生成流畅、规范、中立、客观内容;具备逻辑推理能力,能够准确理解用户意图,基于输入数据或信息进行推理、分析,保证准确性;具备知识增强能力,能有效解决事实性、时效性问题,提升内容生成效果;支持多模态、文字生成图像能力,输入指令即可将奇思妙想变成图画(此项功能尚在开发中)。目前腾讯混元大模型已经实现在文档、会议、广告、营销场景的落地。

图 3.8 腾讯混元大模型登录界面

资料来源:https://hunyuan.tencent.com/。

　　混元大模型的出现,强力推进了腾讯在 AIGC 领域的发展。腾讯云、腾讯广告、腾讯游戏、腾讯金融科技、腾讯会议、腾讯文档、微信搜一搜、QQ 浏览器等超过 50 个腾讯业务和产品,已经接入腾讯混元大模型测试,并取得初步效果。腾讯会议基于混元大模型打造的 AI 小助手,只需要根据用户发布的自然语言指令,就能完成会议信息提取、内容分析等复杂任务,会后还能智能生成总结和纪要。在文档处理方面,腾讯混元大模型可以支持数十种文本创作场景。同时,还能够一键生成标准格式文本,精通数百种 Excel 公式,支持自然语言生成函数,并基于表格内容生成图表,目前这些功能已经进入内测阶段。在广告业务场景中,腾讯广告已经可以支持智能化广告素材创作,AI 助手可智能生成个性化的广告设计图、商品文案等,实现文、图、视频自然融合,广告智能导购还能够帮助商家在企业微信等场景提升服务质量和服务效率。

微信的腾讯混元助手小程序也已经开放内测申请。小程序可以支持 AI 问答,也能处理多种任务,如获取知识、解决问题、翻译、提供旅游攻略等,可以看作小程序版的 ChatGPT。腾讯云也尝试全面接入 Llama 2、Bloom 等 20 多个主流模型,用以支持客户根据实际需要,基于混元大模型或开源大模型,打造企业专属的行业大模型。

3. 百度:文心大模型

百度作为国内人工智能的领先企业,2012 年,开始布局 AI 产业并开展了一系列具有前瞻性的 AI 探索。2013 年,百度成立了全球第一个深度学习研究院(Institute of Deep Learning,IDL),这也是中国最早的完全致力于人工智能的研究院。2014 年 4 月,百度大数据实验室(Big Data Lab,BDL)成立,同年 5 月硅谷人工智能实验室(Silicon Valley Artificial Intelligence Lab,SVAIL)成立,深度学习研究院改为深度学习实验室。与此同时,百度研究院(Baidu Research)也正式组建。目前,百度研究院已拥有大数据实验室(BDL)、商业智能实验室(Business Intelligence Lab,BIL)、认知计算实验室(Cognitive Computing Lab,CCL)、量子计算研究所(Institute for Quantum Computing,IQC)、深度学习实验室(IDL)、机器人与自动驾驶实验室(Robotics and Autonomous Driving Lab,RAL)、硅谷人工智能实验室(SVAIL)等 7 个实验室。前期研发的投入,为百度后期在人工智能领域以及当前的 AIGC 领域的爆发奠定了基础。因此,百度在 AI 领域的布局很重要的一个方面就是研发。其次是业务拓展,百度通过收购和合作的方式,进一步拓展了其在 AI 领域的业务版图。

2015 年,百度智能云正式对外开放,向客户提供人工智能、大数据和云计算服务。早期的百度智能云就已经具备了人脸识别、OCR、语音识别、图像识别、知识图谱、深度学习等上百项人工智能技术。

2016 年,百度又推出了百度大脑。百度大脑是百度发展人工智能的核心技术引擎,包括视觉、语音、自然语言处理、知识图谱、深度学习等 AI 核心技术和 AI 开放平台。百度大脑对内支持百度所有业务,对外全方位开放,为合作伙伴和开发者提供助力,加速 AI 技术的落地应用,赋能各行各业转型升级。目前,百度智能云已经在智慧城市、智慧金融、智慧医疗、智慧营销、智能制造、文娱、交通等场景为众多企业提供服务(见图 3.9)。

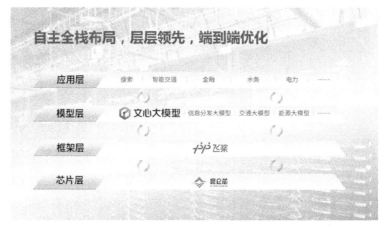

图 3.9 百度的 AI 全栈布局

资料来源:百度智能云官网。

同年,百度飞桨也正式开源。飞桨(PaddlePaddle)以深度学习技术研究和业务应用为核心,是中国首个开源开放的产业级深度学习平台,集基础模型库、深度学习核心训练和推理框架、端到端开发套件等智能工具组件于一体。目前,百度全球专利数超过 1 万件,排名中国第一,其中深度学习专利数位居全球第二。

2017 年,百度在"百度 AI 开发者大会"正式发布度秘事业部研发的对话式人工智能系统——DuerOS。DuerOS 拥有海量数据,能通过自然语言完成对硬件的操作与对话交流,还可以通过云端大脑时刻进行自动学习,被广泛应用于家居、随身、车载等场景,同时可以结合硬

件设备打造智能电视、智能音箱、智能手表、机器人等。同年发布的
Apollo(阿波罗平台)是百度在自动驾驶领域开放的平台。Apollo 平
台可以被看作无人驾驶领域的 Android 系统。

2023 年,百度旗下的文心一言在中国大陆市场率先抢跑,成为国
内发布的第一款大模型。根据百度官方介绍,文心一言有五大能力:
文学创作、商业文案创作、数理逻辑推算、中文理解、多模态生成。最
近,百度发布的文心大模型 4.0,在理解、生成、逻辑和记忆能力上都有
着显著提升,即便在面对前后乱序、意图模糊、潜台词等复杂提示词
时,仍具备准确的理解力,其综合水平几乎可以向 GPT-4 看齐。

由于前期在人工智能领域的超前布局,百度 IT 技术的技术栈始
终与人工智能的进步保持同频。在多年的技术投入基础上,百度已经
完成全栈布局 AI,并且从"芯片—操作系统—应用"三层架构升级为
"芯片—框架—模型—应用"四层架构,百度也是目前全球为数不多的
在这四层均进行全栈布局的人工智能公司之一,无论是高端芯片昆仑
芯、飞桨深度学习框架,还是文心预训练大模型,各个层面都有领先业
界的自研技术,共同帮助大模型不断调优迭代,为大模型落地产业化
提供了坚实的智能底座。目前,百度 AI 的相关应用已经实现在智能
家居(如度秘 OS)、自动驾驶(如阿波罗平台)、医疗健康(如百度医
生)、教育(如度小满教育)、金融风控(如百信银行)等场景的落地。

在 AIGC 领域,百度在智慧广告营销和数字人领域的成绩最为突
出。针对企业广告创意需求高,但人力成本高、占用营销成本高而导
致实际投放需求难以满足的行业痛点,百度推出 AIGC 广告创意内容
平台"擎舵",专注于广告营销领域,覆盖信息流、搜索以及视频脚本等
多种应用场景,通过多模态内容生成,帮助企业的创意广告生产力补
齐短板;通过 AI 辅助轻松实现文案生成、图片生成和数字人视频制作
三大创意生产能力,提供精准、创新、引人入胜的多模态广告创意
内容。

2023 年 10 月，百度还推出了国内首个生成式商业智能产品 GBI（Generative Business Intelligence），将文心大模型与智慧商业场景进行有机结合，GBI 已经可以支持通过自然语言进行对话式交互，执行数据查询与任务分析，实现"任意表，随便问"，为企业客户建立"对话即洞察"的数据分析新范式。同期，百度还推出了数字人直播带货产品"惠播星"，它可以让一个没有任何直播经验的素人 5 分钟快速生成自己的数字人。另据百度介绍，目前，AI 数字人平台生成一段视频只需要三步走。第一步，输入口播文案、业务点和产品卖点，一键完成口播文案改写，形成多套口播脚本；第二步，选择后台免费通用数字人或者定制专属数字人进行视频创作；第三步，在简洁易懂的后台选择多样化模板，加入文案，编辑视频，几分钟就可以完成一条视频广告。从数字人直播的效果来看，数字人不仅在外形外貌上接近真人，而且能娴熟地带货，并能同买家有效地互动。惠播星上线后，百度电商平台已经有一半以上商家使用了数字人主播，40% 左右的商家使用文心一言生成直播脚本，其中 70% 的商家是完全采纳。据百度统计，数字人能降低商家近 80% 的直播运营成本。虽然数字人主播的用户看播时长与真人主播尚存在差距，但整体互动率以及下单转化率几乎与真人主播接近。在百度直播间，57% 中小商家的数字人直播商品交易总额超过了真人。数字人直播也具备爆款潜力，比如苏宁的数字人主播，单场 GMV 超过了 300 万元。

4. 科大讯飞

科大讯飞是国内人工智能领军企业之一，自成立以来，就一直致力于推动人工智能技术在各个行业的应用和发展。作为国内最早从事语音识别和自然语言处理技术研发的企业之一，科大讯飞在语音识别、自然语言处理等领域拥有多项核心技术专利，其语音识别准确率高达 98%，处于全球领先水平。目前，科大讯飞已经成为全球领先的人工智能企业之一，产业覆盖教育、医疗、智慧城市、工业等多个领域，通过将先进的人工智能技术应用到各个产业，助力产业的智能化升级。

　　成立之初的科大讯飞主要围绕智能语音技术进行商业化探索。2010 年,科大讯飞推出以智能语音和人机交互为核心的人工智能开放平台——讯飞开放平台,为开发者提供一站式人工智能解决方案,并开始向下游移动互联网以及智能硬件开发领域转移。截至 2023 年 10 月 31 日,讯飞开放平台已开放 603 项 AI 产品及能力,聚集超过 556 万开发者团队,总应用数超过 199.4 万,累计覆盖终端设备数超过 39.2 亿,AI 大学堂学员总量达到 75.6 万,链接超过 500 万生态伙伴,以科大讯飞为中心的人工智能产业生态持续构建。

　　2010 年之后,随着深度学习技术的不断成熟,科大讯飞开始推动由感知到认知的跨越与转型,并开始通过讯飞开放平台布局全栈 AI 能力的建构。在市场定位上,也开始从技术提供商转变为技术赋能商。

　　2011 年,科大讯飞上线了中文语音识别系统——DNN 系统。2012 年汉语语音合成技术超过普通人水平。2014 年科大讯飞正式启动"讯飞超脑计划",开始探索具备深层语言理解、系统知识表示、逻辑推理联想、自主学习进化等能力的高级人工智能系统,帮助计算机从"能听会说"向"能理解会思考"进化,并以该系统在教育、客服、人机交互、医疗等领域的推广应用为目标。

　　自 2015 年提出人工智能 AI1.0 战略之后,科大讯飞在云平台服务、移动互联、智能客服、车载助手、互动娱乐、智能硬件、语音信息安全等领域均实现了较大突破。如在移动互联赛道以讯飞输入法、灵犀为基础,打造移动互联网流量分发入口;在智能客服赛道,扩展了语音导航、语音分析产品,建设多渠道、多模式、人机融合的智能客服系统;在语音信息安全赛道,培育人脸识别、声纹识别等前瞻技术在金融、智慧城市等赛道的应用,以及拓展智能语音技术在公共安全、国防等领域的应用。

　　在 AI 赋能智慧医疗领域,自 2016 年开始,科大讯飞向医疗行业积极布局智能语音、医学影像,基于认知计算的辅助诊疗系统等技术,讯飞智能语音系统在国内多家知名医院投入使用。依托讯飞 AI 技术与外部医学数据资源的对接,积极推进医学影像、辅助诊疗的发展。

2017年,科大讯飞的智医助理"晓医"参加了全国执业医师资格考试并以456分的优异成绩通过,排名超过了96.3％的人类考生,成为全球首个通过执业医师资格考试的机器人。据中国网的相关新闻报道①,智医助理成为全国唯一大规模落地的基层智能辅诊应用,在全国30余个省份426个区县取得规模化的成功应用,累计给出6.9亿次辅助诊断,修正100多万次基层医生的首次不合适诊断,给出5000多万次不合理处方建议,大幅提升病历规范率、诊断合理率、用药合理率。同时,智慧医院产品已在7家TOP10医院、500多家等级医院应用。科大讯飞对外公布的年报数据显示,截至2023年7月31日,公司已覆盖1600种疾病种类、3万家医疗机构,提供6.6亿次AI辅诊,结合AI提醒修正127.39万份诊断病历,极大支撑了我国智慧医疗整体水平的提升。

在AIGC领域,科大讯飞凭借其在语音合成方面的全栈能力、虚拟人开发等核心技术优势,重点聚焦音频创作、视觉创作和文本创作领域。目前科大讯飞已经打造出了AIGC内容创作产品,如讯飞智作、讯飞音乐"词曲家"平台等创新产品。讯飞智作擅长提供快捷的音视频制作,基于讯飞的虚拟人技术,虚拟主播可代替真人进行直播,从文本到视频还可以实现一键转换。词曲家平台可以实现辅助作词、辅助作曲和歌曲试音、质量分析等AI辅助功能,为词曲作者和购买方提供了一个智能、透明和安全的词曲创作交易平台。讯飞智作的内容生产已经广泛应用于媒体、金融、IP运营、智慧政务、智慧文旅、企业数字化等多个领域。

目前,科大讯飞的AIGC布局已经形成了"底座＋能力＋应用"的架构,即以文本预训练、多模态预训练、多元异构基础资源构建、异构集群构建及大模型训练套件为技术底座,以音频创作、视觉创作、文本创作作为AIGC三大基础能力,进而衍生出教育、医疗、人机交互等领域的丰富应用。科大讯飞的AIGC百宝箱(SMART-TTS)包含了

---

① 详见 http://union.china.com.cn/zhuanti/txt/2023-10/25/content_42566551.html。

OCR 文字识别、AI 语音合成等实用功能。其中 OCR 文字识别技术可以实现直接将图片中的文字转化为可编辑的文本,帮助用户更好地整理和编辑文档。AI 语音合成技术则可以将文本转化为自然流畅的语音,为用户提供智能化的朗读和播报服务。

在 AI 虚拟数字人方面,科大讯飞运用虚拟人多模态合成技术,2018 年即可以实现多语种虚拟人口唇驱动,2021 年又推出了 2D 真人捏脸系统。目前已经形成了 3D 虚拟口唇表情和动作的 AI 驱动到 AI 贯穿 3D 形象构建的全流程。加上讯飞独有的对语音、节奏、韵律和语义的理解专长,已经可以实现让虚拟人随时、流畅地切换动作,从而拥有更加自然的肢体语言。讯飞研究院还打造了个性化 3D 虚拟人复刻系统,一张人像、一句话便能快速生成个性化 3D 虚拟形象,同时还支持用户对 3D 虚拟人的发型、眼睛、嘴型等进行动态二次编辑。2022 年,讯飞音乐发布了首位 AI 虚拟歌手 Luya,通过讯飞独有的音色创作技术,给这个虚拟歌手赋予了特定的音色和音质。通过 AI 变声以及歌曲合成,现在虚拟歌手 Luya 已经发布了十多首歌曲,其中一些歌曲也得到了网络用户的喜爱。2022 年 9 月,虚拟歌手 Luya 还被上海音乐学院正式录取,并将在上音继续参加"AI+音乐"研发和学习,探索人工智能赋能音乐的更多可能。2024 年,AI 虚拟歌手 Luya 同歌手覃旭东、机器人乐队 SOMETHING SOMEBODY 同时出现在安徽卫视春晚的舞台,演唱歌曲《逐空》,带给观众全新的视觉和听觉体验(见图 3.10)。

图 3.10 AI 虚拟歌手 Luya 携手歌手覃旭东共同演绎歌曲《逐空》

资料来源:https://www.iflytek.com/。

2023 年 5 月,科大讯飞推出了新一代认知大模型——讯飞星火。经过三次迭代和核心能力升级后,目前讯飞星火已经升级至 V3.0,可以实现多轮对话、主动对话、启发探究式对话。当前讯飞星火已有1200 万位用户,通过为千万用户提供 AIGC 服务,科大讯飞正在为 AIGC 时代的到来提供强大的技术支撑。目前"讯飞星火"App 的用户已开发出 3.7 万多个个性化的 AI 助手,约 5000 个已经上架的 AI 助手可以帮助用户轻松开发自己的专属 AI 助手,满足职场、营销、生活、公文、客服等多种场景的需求。自讯飞智作、讯飞写作推出以来,讯飞不仅可以为用户提供新闻播报、教育培训、自媒体推广、企业宣传等内容服务,还可以让每个内容创作者都拥有自己专属的 AI 创作助手。讯飞星火内容运营大师进行人机共创的效能也不断提升,通用稿件仅需 30 分钟即可共创生成,深度稿件辅助编辑效率翻番。"讯飞晓医"App 借助讯飞星火医疗大模型,已经成为人们的 AI 健康助手。

未来,科大讯飞还将持续深耕 AI 行业,充分发挥其技术特长,推动 AIGC 的广泛落地,为 AI 产业持续发展发挥更大的价值。

5. 其他企业及相关产品

随着人工智能领域创新成果的不断涌现,身处科技前沿的互联网企业纷纷投身 AI 产业的蓝海。作为辅助技术的 AI 在创新中已经成为越来越多科技型企业发展的共识。

2023 年 2 月,京东云旗下言犀人工智能应用平台在充分整合企业历年产业实践和技术积累的基础上,正式推出产业版 ChatGPT——ChatJD。ChatJD 基于京东自主研发的千亿级参数大规模预训练模型"言犀"——一款智能人机对话平台,可以通过自然语言处理来实现理解和内容生成,具体包含内容生成、人机对话、用户意图理解、信息抽取和情感分类等五大具体应用。ChatJD 得益于京东云在零售与金融领域 10 余年真实场景的深耕与沉淀,拥有 4 层知识体系、40 多个独立子系统、3000 多个意图以及 3000 万个高质量问答知识点,覆盖超过1000 万种自营商品的电商知识图谱。目前已经实现在零售和金融两个领域的落地,并在客户咨询与服务、营销文案生成、商品摘要生成、电商直播、数字人、研报生成、金融分析等具体方面发挥重要作用。

京东大模型主要在文本、声音和数字人生成等方面开展工作。例如在文本生成方面,京东于 2019 年就开始自研,基于自研领域模型 K-PLUG,对于给定商品的库存量单位,自动生成长度不等的商品文案,包括商品标题、商品卖点文案、商品直播文案等三类,目前 K-PLUG 的商品文案写作能力已经覆盖了 2000 多个京东的品类。

不同于京东在电商领域的深耕,一直在内容领域发展的字节跳动,基于其产业和技术,专注于视频领域的创新,主攻 AI 生成视频。字节跳动在剪映 App 中搭载 AI 视频生成系统,用于实现视频自动剪辑、视频属性编辑和文字生成视频。其中视频自动剪辑主要应用于直播领域,能够截取片段来生成内容并发布。视频属性编辑则可以对视频属性进行调整,如视频的分辨率、帧率等。文字生成视频则是根据用户输入的关键词或者一段包含细节的描述性内容,剪映生成与这段内容相符合的视频。除此之外,系统还可以自动选择并匹配相关的视频素材,从而有效为用户节省寻找素材的时间。

字节跳动人工智能实验室创建于 2016 年,主要负责开发为内容平台服务的创新技术,对应的场景就是 AIGC。字节跳动与众多企业展开 AIGC 领域的相关合作,如与吉宏股份双向合作,将 AIGC 技术运用到跨境电商的传播场景当中。

此外,字节跳动的代表产品豆包(Grace),也是采用大规模多模态预训练技术,能够理解并生成多种形式的信息,包括文本、图像等,目前尚在内测阶段。此前,字节跳动旗下的抖音、今日头条等产品都曾推出过绘画类、特效类的 AIGC 功能。豆包的推出,意味着字节跳动正式入局大模型热潮。

第四章

AIGC 主要的传播与应用场景

> 本章围绕 AIGC 在专业媒体新闻的内容生成、社交媒体的内容创作、广告与市场营销、视频和图像合成、电商直播、游戏娱乐、音乐与艺术创作等具体应用形式展开,同时结合具体的应用案例进行分析,帮助学习者了解 AIGC 技术在智慧传播领域的具体应用及现状。

第一节　AIGC＋传媒

AIGC 在传媒领域的应用涵盖了采编、整合、互动、分发等一系列环节,逐渐实现了新闻内容的自动生成、虚拟主播的自动播报、人机的实时互动,为新闻报道、社交媒体管理等传媒工作提供了更加高效、智能的技术支持。随着技术的不断进步和应用场景的不断扩展,AIGC 甚至将重构传统媒介产业的传播格局与治理生态。

现阶段 AIGC 技术已经在媒介产业的生产力、生产方式、生产关系等方面成为变革性力量,AI 技术将从根本上改变传媒业内部与外部的内容生成与关系连接,算法模型为数字内容的更新注入新动能,带给传播生态中的多元主体以全新的内容生成、分发、互动体验。未来,随着人工智能技术的进一步发展,新闻分发环节也会进一步被人工智能技术所融合,在模型完成信息采集和内容生产两个环节之后,AI 还将借助算法技术直接将生成内容分发给目标用户,实现完整的生产流程协同。

AIGC 作为当前人工智能技术应用的主流方向,一改传统人工智能对分析能力的过度强调,成功实现了从感知理解维度向生成创造维度的跨越,这种新的内容生成方式的变化,必然带来新的传播模式与产业形态。作为媒介产业发展的重要驱动因素,AIGC 必然对传媒业产生长远而深刻的影响。

一、AIGC 在新闻传播全链条中的具体应用

(一)新闻采编环节

首先,采访作为新闻生产的基础环节,常常需要面对大量的文字、语音和视频素材,AIGC 可以帮助新闻采编人员有效提升采访、信息筛选和编辑的效率。如语音转文字智慧工具的应用,可以自动识别录音或视频中的语音信息,并将语音信息自动转换为文字,甚至还能实现实时转写、生成内容摘要等功能,语音识别转化工具还能将转换的文字信息一键导入采编系统,极大提升了一线新闻工作人员的采编效率。

其次,信息采集时,通过运用 AIGC,还可以实现更加高效的数据筛选、整理剔除以及分析应用。如具备自然语言处理机对话功能的AIGC 软件,可以帮助记者和编辑通过提示词实现快速从海量数据中抓取价值信息,并完成自动分析处理、高效总结归纳,从而有效节省在信息采集上的工作量。还可以利用软件和工具,进行选题筛选、主题策划、提纲撰写等,特别是自动化的新闻写作工具。还可以帮助记者、编辑直接完成新闻内容的标准化写作,后期采编人员只需对内容进行把关、修改和完善,即可进行新闻发布。

最后,在内容生产过程中,AIGC 还有助于推动多元主体参与的

协同生产、互动生产的实现。AIGC 的应用,支持多元主体参与协同生产,支持作者、编辑和用户之间的实时互动以及内容生成的实时更新。同时,AIGC 的应用落地,还有望提升新闻内容生产的标准化与规范化,实现以智能化助力内容生产进入工业化阶段的目标。

在国外,科技公司 Automated Insights 开发的机器人写稿软件 Wordsmith,可以自动生成一些简单类型的稿件,比如体育、财经、天气预报等,被多家新闻集团采用参与新闻生产活动。2014 年,美联社开始用 Wordsmith 进行自动化新闻写作,每周可以生成数百万篇新闻报道。2015 年开始,中外媒体的写稿机器人走进版面,开始自立名号。《纽约时报》Blossom、《华盛顿邮报》Truth Teller、《洛杉矶时报》智能内嵌模版、《卫报》Open001、路透社的 Open Calais、美联社的 Wordsmith 六家国际顶级媒体设立各自的机器人服务系统。随着代表人工智能领域最前沿进展的 ChatGPT 的推出,2023 年年初,美国数字媒体巨头 Buzzfeed 正式宣布使用 OpenAI 公司提供的 AI 技术来协助个性化内容的生成。随后,美联社也宣布与 OpenAI 达成协议,授权 OpenAI 使用美联社部分新闻存档,共同探索 AIGC 在新闻领域的应用。《纽约时报》使用 ChatGPT 创建了一个情人节消息生成器。英国《每日镜报》和《每日快报》也成立了专门工作组研究如何利用 ChatGPT 辅助新闻写作。此外,路透社、英国广播公司、华盛顿邮报、泰晤士报等主流媒体均陆续开始使用 ChatGPT 等 AI 工具进行新闻内容的生成,以为用户提供更加个性化的新闻产品与服务。

在国内,早在 2015 年腾讯财经就开发出了写稿机器人 Dreamwriter,并发出了国内第一篇机器人撰写的新闻稿件。Dreamwriter 根据算法自动生成稿件,并进行瞬时输出分析和研判,1 分钟之内就可以生成内容并送达给用户。除此之外,今日头条的 Xiaomingbot、百度的 Writing-bots 和第一财经的 DT 稿王等,都是早期自动新闻写作机器人的代表。2018 年全国两会期间,新华社推出的"媒体大脑",从 5 亿网页中梳理出全国两会热词,15 秒生产发布了全球首条关于两会内容的 MGC(机器生产内容)视频新闻。随着国内 AIGC 技术的不断成熟,上海报业集团澎湃新闻、重庆日报报业集团上游新闻、河南广播电视台大象新闻、每日经济新闻、新京报、广州日报、中国妇女报等多家媒体平台也纷纷宣布接入百度文心一言,标志着 AIGC 技术在传媒领域逐步深度融入。

(二)新闻传播环节

AIGC 在传播环节最典型应用就是以虚拟数字人形象进行的自动播报。虚拟数字人自动播报展现了新闻传播中动画、语音的实时合成效果,后台制作人员将需要播报的内容输入系统,系统就会自动生成对应的虚拟主播播报的视频。同时,随着 AIGC 技术的不断进步,有些虚拟数字人系统只需要输入关键词、场景提示词、人物形象设定等基础信息,就可以自动生成一条完整的播报内容,同时后台还支持对播报内容和虚拟人形象进行调整和修改。

在虚拟数字人形象方面,随着 AIGC 技术的不断加持,数字人的形象已经实现通过 AI 技术借助真人形象数据生成,与真人的相似度越来越高,甚至替代了一部分人的工作。目前主流媒体采用的虚拟数字人无论在视觉上还是听觉上都已经与真人相差无几,有些甚至还具有不同于真人的独特风格与气质。新华社、中央电视台、东方卫视等主流媒体已经开始尝试让虚拟数字人主播"上岗"进行部分新闻的播报,如天气预报、体育新闻、现场采访等。新华社发布的首个"AI 合成主播",不仅具备中文播报能力,还能连通中外进行标准的英文播报。通过提取真人主播在新闻播报视频中的声音、唇形、表情、动作等数据生成的虚拟主播,经过深度学习等技术联合建模训练之后,能够实现视频中音频和表情、唇动保持自然一致,展现与真人主播无异的传播效果,引发业内外瞩目。中国青年网的虚拟数字主播"青小霞"也具有多国语言口播、手语主持、情绪识别等多种功能,并在两会报道等重大时政新闻领域得到应用。在国际传播领域,中国日报推出的首位数字员工"元曦",在首发视频中以主持人的身份带领观众探索中国远古岩画的历史文化。2022 年北京冬奥会期间,以腾讯、百度为代表的互联网企业陆续推出手语播报虚拟主播,为广大听障人士提供赛事的手语解说服务,让听障人士也能感受冬奥赛事的精彩瞬间,获得独特的观看体验(见图 4.1)。

图 4.1　新华社 AI 合成主播群像

资料来源:https://www.yangtse.com/zncontent/531042.html.

虚拟数字人在新闻传播领域的应用,丰富了新闻传播的形式,为观众带来了更加生动、新颖的视觉体验和观看感受。

(三)用户互动环节

在以互动为价值导向的数字化内容生产与传播生态中,互动不仅是衡量内容质量的关键指标,也是建立、巩固平台同用户关系的重要方式。特别是随着短视频时代的到来,用户需求更加多元,实时互动成为用户在进行内容消费时的基本需求。事实上,在实时互动领域,AIGC 技术已经取得了显著的成果。AIGC 带给用户的实时互动体验不是简单的问答反馈,而是综合的互动体验。例如爱奇艺开发的"AI＋视频",推出"奇观"AI 识别功能,它能够自主识别视频中包含的信息,针对弹幕上用户关于视频的提问,进行准确的回答,与用户产生积极的互动。"奇观"AI 识别从模型学习过程入手进行信息整合,然后根据具体的场景由算法选择最恰当的模特,通过加强各个标签之间的连接和多模态技术的融合,实现精准识别。这种多模态技术能够实现在多个功能模块的应用,"奇观"AI识别可以实现的识别功能包括人物信息识别、剧情信息识别和物品信息识别。

除了传统的新闻传播场景,AIGC在社交媒体场景中的应用也有效推动了更具参与感、趣味性的互动形式产生。随着社交行业虚拟人、虚拟陪伴、智能对话等相关应用和产品的推出,用户越来越依赖人机对话的互动形式。现在的对话式机器人也通过大模型变得更加智能、流畅、有情感。再如Soul自研的使人和人、人和内容能够实现智能连接的灵犀系统,就让用户获得更及时、更高质量的互动反馈,为用户提供了一个平等的内容分发和互动机会。随着用户慢慢接受和适应同虚拟人建立互动的社交体验和关系网络,Soul未来还将陆续推出人和虚拟人互动等场景。

二、AIGC＋传媒的应用优势与价值

(一)助力媒介产业的整体智能化水平提升

早在2019年,习近平总书记在十九届中央政治局第十二次集体学习时的讲话中就强调指出,从全球范围看,媒体智能化进入快速发展阶段。我们要增强紧迫感和使命感,推动关键核心技术自主创新不断实现突破,探索将人工智能运用在新闻采集、生产、分发、接收、反馈中,用主流价值导向驾驭"算法",全面提高舆论引导力。要把握国际传播领域移动化、社交化、可视化的趋势,在构建对外传播话语体系上下功夫。坚持不懈讲好中国故事,形成同我国综合国力相适应的国际话语权。[①] 随着大数据、人工智能、云计算等互联网技术的快速迭代,媒

---

① 习近平:加快推动媒体融合发展 构建全媒体传播格局[J].求是,2019(6):4-8.

体行业正加速迈入智慧时代,智慧融媒成为媒体融合发展的重要方向。

面对即将到来的智媒时代,2016 年彭兰教授在《网络传播概论》中就提出了智能化媒体的三大特征:万物皆媒、人机合一、自我进化。今天,随着 AIGC 在传媒领域的应用,我们已经看到了机器和技术在内容生产与传播中的巨大潜力,人机协同作为内容生成的重要模式,已成为媒体业务的基本形式。

随着 AIGC 在传媒领域应用的落地,AIGC 将助力传媒业在垂直化与专业化的细分领域持续发力,更加准确地捕捉非主流的长尾需求,通过技术拉近产业同其他产业、用户之间的距离与关系,最大限度实现对多元、个性化内容的需求,通过"人格化"与"社群化"的产业细分模式,形成更具竞争力的产业格局和商业模式。

(二)加速智慧融媒发展进程

AIGC 在传媒业的应用落地,正在彻底颠覆传统的信息生成与传播方式,"万物互联""万物皆媒"的智媒时代正在加速到来。

AIGC 正在加速推动传媒产业朝着数字化、智慧化的方向迈进。AIGC 作为智能化媒介生产与交互领域的前沿应用,既实现了人的延伸,赋予内容生产、传播以新的尺度,也从技术维度实现了媒介的延伸,拓展并淡化了媒介的边界、产业的边界。AIGC 让内容的生成不再拘泥于特定的符号形态,人类只需要通过自然语言的输入就可以实现同机器的互动。反之,机器借助模型和算法也同样可以准确理解人类的意图并做出准确的回应,以往由人类所垄断的内容生成领域的边界正在被打破。通过技术,人甚至还可以实现现实世界与虚拟世界的连通。

AIGC 作为人工智能前沿技术引领的数智化内容生成方式,正在助力传媒业不断产生新内容、催生新互动、衍生新传播,通过对传统的策、采、编、发一体化全媒体生产流程的赋能,助力媒介产业内部加快建立智媒传播体系,构建更加立体的智媒传播矩阵,以提升智慧融媒的优质内容生产力与新消费的吸引力。此外，AIGC 还将积极助力元宇宙中的智媒传播场景及内容建构，通过打造虚拟主播、虚拟场景、虚拟互动等探索元宇宙智慧融媒发展的可能，扩展媒体业务边界。

（三）助力传媒业务的智慧化升级

目前 AIGC 在传媒领域应用已经覆盖新闻的策、采、编、发全流程，并在整体提升新闻内容与传播质量的同时，推动新闻业朝着智能化的方向加速迈进。首先，AIGC 技术的应用，可以为自然语言生成、自然语言处理、深度学习等人工智能领域的前沿技术在媒介产业的应用落地提供经验，加速人工智能技术在传媒领域的落地，从技术维度为媒介产业整体的智能化水平提升提供支撑。其次，AIGC 相关大模型所具有的通用性、基础性、多模态等优势，将持续助力传媒业在文本、图片、音频、视频以及多模融合领域的高质量、高稳定性内容产出。

AIGC 在新闻生产传播全链条中的应用，实现了传媒产业的降本增效。AIGC 技术的广泛应用，不仅实现了将传统媒介产业从业人员从日常的文字记录整理、图片处理、音频视频剪辑、新闻配音等大量琐碎工作中解放出来，让他们能够更专注思考报道的创意与深度，创作出更好的内容产品，还可以轻松胜任专业领域之外的跨领域专业内容的生成，如绘画、编曲、设计等多重工作。AIGC 以通用性任务助理的角色帮助人们跨越职业的壁垒，使人的能力得到极大的延伸。

在内容的消费端，AIGC 还可以实现高匹配、个性化消费模式，支持优质内容嵌入更多的应用。基于 AIGC 与智能终端融合的一体化、数字化、虚拟化、沉浸式等内容呈现与技术叠加优势，可以为用户提供更加优质的内容产品和沉浸交互的产品体验，通过智能匹配实现个性化的创新消费模式。基于人性化的人机交互设计，促进信息与场景、个体的适配性，将新闻信息嵌入社交场景、娱乐场景等更加丰富的传播场景中，以此实现智慧传播的系统化升级。

第二节　AIGC＋教育

AIGC 在教育领域的应用将为教育数字化转型提供强大动力，并将从教育模式、教育环境、教育理念层面引发深度变革，教师、学生都将在 AIGC 创建的全新学习生态中获益。

一、AIGC 赋能教育领域深度变革

（一）以数智化应用教育的数字化变革

随着前沿科技和智慧教学工具不断融入教育场景，智能化、数字化正在从核心维度变革传统的教学模式。拘泥于特定空间的教师教、学生学的传统场景，在 AIGC 技术及相关工具的辅助下，传统教育模式将转变为师生共同参与的探讨式创新学习模式。借助数智化的智慧工具，可以帮助学生养成独立思考和解决问题的意识和能力。同时，数智化的教学工具，还让原本抽象、平面的教材、教具、教学内容更加具体化、生动化、立体化，以通过更加生动的方式向学生传递知识。未来，智慧教学工具还将为教育提供更具沉浸式的互动体验，带领师生进入全新的虚拟学习空间，通过在虚拟世界中的交互，实现师生对知识的共同探索与学习。

如科大讯飞开发的星火智慧黑板，彻底颠覆了人们对传统教育场景中黑板的认知和想象。星火智慧黑板不仅是一个教学的板书工具，更是一个强大的 AI 助手，能够帮助教师更好地与学生展开互动，提升教学质量。具备多模态理解与推荐功能的星火智慧黑板，不仅摆脱了对鼠标、键盘的依赖，让师生可以使用更自然的方式如语音、手势等进

行互动;还能够智能分析课堂教学的实时需求,通过对教师和学生的语音、文字乃至手势的识别,更加精准地推荐教学资源,大幅提升课堂互动性的同时,也使每一堂课的教学都更具个性化,真正实现因材施教。

此外,AIGC参与的智慧教学平台系统,还能有效提升教学的全流程管理,通过对课前、课中、课后的系统化监测,并针对不同的教育角色生成更有针对性的数据报告,帮助教育的多元主体更具体地了解并掌握教学效果。

(二)AIGC将为教育智能变革提供技术支撑

AIGC的赋能将积极助力教育的智能化变革。AIGC可以生成3D场景为教育提供更多的场景,也可以帮助教师开展更具个性化的教学活动。AIGC辅助教学模式创新的同时,也必然推动教学质量的提升。

AIGC可以根据教育活动的需要辅助生成不同的3D虚拟场景,为学生打造更具真实感的学习环境,提升学习的效率;也可以进一步调动学生参与课程和互动的积极性,帮助学生实现学习角色和状态的转变,更好地融入学习;更重要的是,AIGC还可以定制化生成更具针对性和个性化的学习场景,满足不同学科、专业、群体的学习需要。AIGC生成3D虚拟教学场景的应用,将对传统的教学场景和模式产生巨大的冲击,甚至将彻底改变传统的教学模式,实现教学方法和理念的变革。在此基础上,在未来的教育场景中,虚拟教室、虚拟校园、虚拟实验室等都将成为可能,为教育的创新发展注入无限可能。

除了生成教学环境,AIGC还可以开展个性化的教学分析与指导。AIGC可以针对学生的课堂表现、作业情况以及考试成绩生成针对性极强的个人学习报告,帮助老师和学生准确掌握个体的学情,方便老师后期采用有针对性的指导,实现因材施教。AIGC的应用作为教师教学的智慧助手,能够帮助教师对学生展开多样化、个性化的教学,在有限的教学空间和资源环境下,发挥教育的最大价值。

(三)作为智慧辅助实现教、学体验的双维提升

AIGC 的应用可以实现教师教学体验与学生学习体验的双维提升。对于教师而言,AIGC 可以辅助开展教学设计、备课、课堂助教、作业批改、课后指导等,以此提升教育质量和效果,提升教师的参与感和获得感。对于学生而言,AIGC 可以辅助或者代替教师开展教学、进行辅导、制订学习计划、调整方案等,提高学生学习成绩,获得成就感。

好未来利用 AI 技术开发的"GodEye 课堂质量守护解决方案",能够有效赋能教师进行培训、说课和教学演练。通过对教师授课过程进行分析,GodEye 向教师提供教姿、教态、互动、内容讲解等全方位的分析与评估,帮助教师提升教学能力。在上课过程中,GodEye 也会根据师生问答互动、错题纠正、思维导图等多个维度对课程进行分析,并生成学习报告,帮助师生了解各自的教学状况、学习状况,以推动后期的共同改进和共同提高。

AIGC 还可以作为助手协助教师进行更加丰富的教学设计。利用 AIGC 可以帮助老师制作更加精美的课件。该课件有着科学、完整、系统化的知识点设计,辅以个性化的音频、视频,可以有效提升教学内容的丰富度,也可以吸引学生的注意力。

同时,AIGC 还能生成虚拟教师作为教师助手开展教学活动,AI虚拟教师可以给学生带来完全不同的学习体验和感受,而且 AI 虚拟教师还打破教学的时空限制,满足学生更加个性化的学习需求。世界上第一位 AI 虚拟教师威尔(Will)目前"任教"于奥克兰的一所学校,为学生们教授可再生能源方面的知识。由于搭载了人工神经系统,威尔可以对学生的肢体动作和答案给出回应和互动,还可以识别学生的学习效果,并给予针对性的学习指导和计划。在国内,2022 年,河南开放大学推出了首位 AI 虚拟教师"河开开"。"河开开"的形象是在对河南开放大学多位女教师形象采集的基础上生成的,主要的角色是担任

助教,进行协同教学,为学生答疑。虚拟教师的出现不仅在一定程度上缓解了师资短缺的问题,而且其教学质量相对稳定,并能根据学生的反馈进行有效的互动,虚拟教师参与的教学为现有教学场景注入了新的活力(见图4.2)。

图 4.2　虚拟教师"河开开"

资料来源:https://www.hntv.tv/yc/article/1/1506917028577497089。

二、AIGC＋教育的创新优势与价值

(一)通过个性化的内容生成与服务提升学习者的体验

AIGC的内容生成具有鲜明的个性化特征,有助于改变当前规模化教学现状下,学习者个性化学习需求无法得到满足的现状,提升学习者的学习体验,激发他们的学习热情与创新能力。

AIGC可以根据学生的个性化特征和需求提供学习资源和资料,也可以提供定制化的学习内容和方案。通过分析学生的学习时长、学习成绩、学习习惯等学习数据,AIGC还可以生成一对一的个性化答疑、作业批改和学情评估等,并结合学生的学习弱点和优势特长,为他

们提供更有针对性的学习建议和指导,从而实现更高效的学习目标。这种个性化学习体验能够极大提升学习的效果和学习体验,也能间接激发学生的学习热情和潜力。

(二)助力教师减负,聚焦质量提升

在实际的教育场景中,教师除了基本的教学活动,还需要承担大量的教学管理相关的工作,如批改作业、班级管理、教学研究等。AIGC 可以有效减轻教师负担,帮助教师完成部分基础性的工作,如课前自动生成授课教案、课件,智能匹配课程习题等;课中还可以实现对学生课堂表现的精准分析,并生成学情分析报告;课后还能够进行智能作业批改、智能阅卷,智能分析学生的学习情况,提供学情分析、复习教案等,既节省了备课时间,还拓展了教学资源,提升了教学活动的精准化、个性化。AIGC 的助力,帮助教师减轻了工作负担,更好地聚焦教育质量提升。

同时在学校方面,还可以通过 AIGC 提供的数据分析和预测模型,帮助学校实现科学管理,更有针对性地开展师资培训、教学研究等活动,帮助教师提升教学技能和水平,实现教师发展、学生成长与学校提升的同频。

(三)AIGC 可从供给侧角度助力教育公平的实现

在当前的规模化教育现状下,个性化教育与普惠教育的矛盾始终未能得到有效解决。特别是教育资源配给不足和分布的不均衡,使教育公平的实现始终受限于空间、资源或能力等。随着 AIGC 在教育领域的引入,将为教育行业提供更多的机会和资源,特别是远程教育的质量和有效性,或将从供给侧为教育公平的实现提供思路。

随着网络信息技术的不断发展,教育数字化程度显著提升,数字化教育资源日益丰富,质量显著提升,这都为 AIGC 赋能教育提供了基础的数字资源。随着 AIGC 应用的持续落地,科技对边界的拓展将

实现,帮助优质教育资源实现规模化、公平化、个性化。AIGC 所提供的"高频迭代＋个性化"教育场景,将通过远程教育、在线课堂、虚拟数字人教学等形式,打破空间地域的限制,让更多的学生有更多机会接受高质量的教育。虚拟数字人的引入具有十分明显的成本优势,在维持现有教育投入成本不变的情况下,还能有效保证教育质量的稳定输出,使优质教育资源规模化成为现实,且随着 AIGC 技术的不断进步,其对于教育的降本增效作用也会更为凸显。AIGC 在教育领域的应用,可以让更多优质的教育资源惠及教育资源短缺或相对落后的农村和贫困地区的老师和学生,助力教育资源的生产和开发,促进教育公平。

第三节　AIGC＋电商

由于 AIGC 具有强大的内容创作能力,以及涵盖文本、图片、音频、视频等多模态内容表现优势,AIGC 可以在内容生成、营销场景搭建等方面最大限度发挥其价值,从而为电商产业实现创新发展提供强劲支持。AIGC＋电商将成为电商发展的全新模式,为新商业的发展注入强大活力。

一、虚实交互构建电商消费新场景

(一)助力电商内容生成实现智慧化升级

传统电商文本依靠人工生成,质量不稳定且效率低下,而优质内容则需要一定的门槛,往往需要商家投入大量的人力、时间和经费。AIGC 的应用能够有效解决电商对于营销内容的需求,不仅可以保证量的供给,还能保证内容输出质量的稳定性,解决商家的营销痛点。

不同于人工生成的内容,AIGC 生成的内容十分丰富,包含产品属性、产品特色、产品销售数据以及产品推荐理由和方案等,且生成内容具有很强的逻辑性,既解决了产品的销售需求,也兼顾了用户的购买需求,可以帮助用户结合自身需要更加全面地了解产品信息和购买的必要性。

AIGC 不仅可以支持商家生成文本类营销内容,还可以实现图片、视频等多模态内容的融合。AIGC 能够帮助商家自动生成所需的产品外观、产品广告等图片,从而降低商家在拍摄、设计等过程当中投入的时间、资金及人力成本。如 ZOM. AI 绘画平台,就可以根据商家提供的创意描述,批量生成图片,供商家选择。除此之外,平台还提供个性化的内容生成服务,如根据商家提供的产品图片与模特指标,合成商家所需的图片。同时 ZOM. AI 提供的 AI 模特生成功能,还可以让商家根据自定义模特的身高、肤色、面孔、体型等指标生成所需的模特。AIGC 不仅助力商家实现内容生成的智能化和高质量,同时个性化内容的输出,还潜在影响并促成消费意向的达成。据 ZOM. AI 提供的数据,中文平台"YUAN 初"能帮助商家降低 90% 的运营成本,图片的制作效率提升 10 倍,转化率提升 50%,中小卖家可以自选面孔、身高、肤色以及体型来创建模特。AIGC 图片生成技术给电商卖家提供了新的发展空间,也在一定程度催生了新的消费增长点。

在电商营销的视频内容生成方面,AIGC 应用的优势更加明显。相较于文本、图片内容的生成,视频内容的生成专业门槛更高,对内容的质量要求也更高。而随着短视频时代的到来,视频在电商产业发展中的价值越发凸显。AIGC 视频剪辑工具的出现,不仅解决了商家在视频生成中的专业技术短板,还解决了视频内容的量产、个性化内容生成等问题,让商家在 AI 的助力下,只需要短短几分钟就可以生成一条清晰度、创意度、内容完整度极高的视频。如 InVideo 视频制作平台专门为没有视频制作经验的电商提供服务,InVideo 为此提供了超过300万个影片库、100万个视频库及1500个视频模板,电商可以根据自己的需要设置字体、动画、风格及色调,还能添加商家喜欢的音乐,极大提升了商家的营销效果。

(二)赋能电商场景实现三维升级

随着场景时代的到来,传统的购物场景已经无法满足消费者的需求,为了迎合消费者多元的消费习惯和体验需要,打造沉浸式的购物场景成为电商卖家重点发展的方向。AIGC通过高质量数字内容的输出,保障了场景建构的基础需要,为新消费场景下电商购物场景的升级提供了可能。

电商平台借助AIGC技术实现产品展示与3D呈现,给消费者带来身临其境的感受,极大提升了消费者的沉浸式购物体验。如3D虚拟试衣间可以提供在线试穿功能,通过3D建模让消费者足不出户就可以沉浸式体验购物乐趣。除了虚拟试衣间,很多品牌还尝试搭建虚拟商场,通过空间扫描技术,辅以数字孪生AI、视觉算法、三维渲染等技术,对线下消费场景进行虚拟建模,实现线下购物场景的虚拟化,将线下购物场景真实复合到虚拟世界中,为消费者打造全景式虚拟购物场景,提升沉浸式营销效果,支持线上线下融合的新消费方式。

(三)虚拟主播助力电商服务场景全天候

为了增强用户在购物过程中的互动体验,虚拟电商消费场景中也加入了虚拟电商导购。不同于现实世界的导购,虚拟导购可以全天24小时提供导购服务,随时对消费者的提问做出反馈。近几年,随着电商直播的发展,虚拟导购在电商直播的场景中应用最为普遍。这不仅降低了直播的门槛,提高了直播的效率,还大大降低了真人直播的成本。在电商直播的场景中,虚拟导购以虚拟主播的"身份"出现,作为真人主播的替代和辅助角色,能够填补真人主播的空当时间,提供全天候在线服务。虚拟主播也能利用专属品牌身份和专属服务,提高品牌的辨识度,拉近品牌与消费者的距离。更重要的是,虚拟主播无论形象、人设都十分稳定,主播内容完全根据商家设定输出,无需担忧主播人设问题引发的销售危机。

哔哩哔哩的虚拟主播洛天依作为 B 站的当家花旦,成功举办了多场全息演唱会,参加了多家电视台的活动。洛天依还以虚拟主播的身份来到淘宝直播间,推销美的、欧舒丹等品牌的产品,引发了众多消费者的关注。在整个直播过程中,直播间在线人数一度突破 270 万人,约 200 万人进行了打赏。除了洛天依,越来越多有影响力的虚拟主播不断涌现,如快手推出的虚拟主播"关小芳"、京东推出的虚拟主播"小美"。虚拟主播形象、人设、表现各有特色,吸引着不同的消费者,不仅丰富了电商直播的内容,还开启了直播带货的新模式,促进了品牌影响力的有效提升。

(四)虚拟 IP 创造电商消费新价值

随着数字传播场景的不断丰富,虚拟 IP 获得了前所未有的关注,也成为新消费场景中品牌价值新的增长点。许多品牌开始通过邀请虚拟代言人或自建虚拟 IP 的方式,让虚拟 IP 取代明星和真人成为品牌的代言,实现流量和销量的迅速增长。

AIGC 技术的成熟让虚拟数字人的形象外观越来越接近真人,虚拟数字人也因此越来越受到品牌的青睐。虚拟数字人的品牌代言可以分为两类,一类是 AI 虚拟偶像代言,另一类是原创 IP 代言。

相较于娱乐圈明星代言的各种不稳定因素,邀请 AI 虚拟偶像代言具有无可比拟的稳定性,可以有效规避真实明星代言过程中存在的各种风险。国内虚拟偶像市场发展迅猛,艾媒咨询发布的《2023 年中国虚拟人偶像产业发展研究报告》显示,2022 年中国虚拟人带动产业市场规模和核心市场规模分别为 1866.1 亿元和 120.8 亿元,预计 2025 年分别达到 6402.7 亿元和 480.6 亿元。这源于虚拟偶像在内容和周边产品产出方面具有较强的可塑性,行业增长的延续性较强,能保持稳定的增长态势。对于消费者来说，虚拟数字人偶像如同真人一样，具有真实的形象、性格，还可以拍摄视频、录制综艺，与消费者互动。不同于现实世界明星的遥不可及，虚拟偶像的行为可以根据消费者的期待进行调控，给消费者带来了全新的体验。虚拟偶像的出现，帮助品牌摆脱了对现实世界偶像明星的依赖现状，是一种全新的品牌代言方式。虽然虚拟偶像代言已经成为一种趋势，但现阶段仍然存在成本高、变现难等问题，未来随着虚拟偶像产业的深入发展，这些问题或可得到解决。

除了虚拟偶像代言，另一类虚拟形象代言是自建虚拟 IP 代言。屈臣氏作为日化品牌的知名企业，通过自建 IP，打破次元壁，尝试推出了品牌的虚拟代言人"屈晨曦"。"屈晨曦"不仅具有帅气的外表、温柔的性格，还多才多艺，能够自然地同消费者互动。屈臣氏将"屈晨曦"作为品牌代言人，增加其在各类营销活动中的曝光度。前期"屈晨曦"还在小程序中担任品牌顾问，为消费者提供消费服务，还能同消费者进行游戏互动和语音聊天，为消费者带来了全新的体验。"屈晨曦"还会在社交平台定期更新动态，同消费者保持互动，使屈臣氏与消费者的沟通方式更加多样。2020 年 9 月，"屈晨曦"作为屈臣氏代言人还登上《嘉人 NOW》的杂志封面，"屈晨曦"作为国内品牌自建虚拟 IP 进行品牌代言和营销的积极尝试，为未来品牌虚拟代言和品牌内涵的多元拓展提供新的方向。

二、AIGC＋电商的创新优势与价值

(一)AIGC 赋能电商营销全链条实现智慧升级

从实践领域看，目前 AIGC 在电商领域的应用，已经实现了对营销全产业链的覆盖。在产品推荐方面，通过分析用户的购物平台、购物习惯、购物偏好、消费记录等数据，可以为用户提供更精准的商品推

荐或服务指南,通过个性化精准的推荐服务,以提高用户满意度和忠诚度,提高转化率和成交额。同时,也可以通过数据挖掘和情感分析等技术,识别用户的兴趣和情感,为用户提供更有针对性和吸引力的营销内容,提高用户的参与度和转化率。在同客户的互动过程中,商家可以通过智能客服的引入,在减少人工客服的工作量和成本的同时,为用户提供及时和专业的客服服务,以此来提高用户的满意度和信任度。在客户端,商家可以引入智能搜索,通过自然语言处理和图像识别等技术,准确理解用户的搜索意图和需求,为用户提供更准确和相关度更高的商品检索结果,以帮助用户节省时间和精力。在商品成交意向达成后,商家还可以通过大数据分析和预测模型等技术,优化物流网络和运输路线,为用户提供更优质的物流服务,从而降低物流成本,提高用户的满意度。

(二)AIGC 赋能电商产业整体升级

电商作为数字时代新兴的商业模式,以其独特的优势和广泛的影响力,成为数字经济的重要组成部分。AIGC 在电商领域的落地,可以最大限度地发挥数字资源优势,全面掌握市场需求和消费行为,实现供应链的精准调度和优化,从而达到降低企业的库存成本、提高生产效率、提升消费者的购物体验的目标。

AIGC 应用的不断拓展,将从底层逻辑重塑人、货、场的关系以及运营模式。AI 大模型的算力优势会创造更高的人货匹配率,让商家与消费者之间的连接更紧密,经营效率更高。利用 AIGC 进行数据分析,可以快速掌握市场需求和趋势,指导商家制定策略。通过分析用户的购物行为和兴趣偏好,可以为产品开发、营销策略等提供决策参考,实现广告精准投放,提高广告 ROI。虚拟智能客服的高效互动,在优化用户体验的同时也可让店铺的运营更智能化。生成式 AI 导购、生成式购物场景都将带来全新的产品服务类型、购物体验,催生全新的购物模式和消费内容。在跨境电商领域,不懂外语、也没接触过跨境业务的商家同样可以借助 AIGC 工具和技术，实现高效营销及盈利。无论是商家还是消费者，AIGC 都大幅提升了行业效率，提高电商行业整体的智能化、高效化水平。

短期来看，AIGC 是通过实用工具，降低内容成本、提高交易效率来赋能电商产业发展；中期来看，AIGC 将重构行业资源布局及协作格局，提高供需对接的整体效率；长期来看，AIGC 将引领产业内部变革，同时打通产业内部同产业外部资源的协同，重构整体产业格局。

（三）加速电商产业数智化营销体系建构

智慧营销作为电商产业体系整体数智化的重要组成部分，营销的数智化水平事关产业数字化整体目标的实现。当前的数字营销已经从以早期的建立品牌认知为目标，向营销全链条延伸，实现从流量到销量、从公域到私域，以与客户建立全方位的新型连接为目标。AIGC 在电商领域的落地，将成为产业营销体系由数字化向数智化转型的关键支撑和动力；借助人工智能相关前沿技术，对基础数字资源进行整合、开发和利用，赋能整合营销链条的系统升级；根据源源不断的用户数据，深度、持续性地挖掘客户需求，增加互动，提升客户黏性，实现客户全生命周期管理与精准营销；打造客户忠诚体系，以此驱动企业获得二次增长。

第四节　AIGC＋影视

随着 AIGC 在多模态内容生成优势的不断凸显，AIGC 在影视智能创作领域的价值也将得到凸显。

一、智能创作引领影视产业发展新方向

(一)AIGC 智能创新方式激发影视创作新灵感

AIGC 在影视领域的应用,打开了影视创作的新思路,激发了影视企业新的创作灵感,尤其在剧本创作、角色创作、场景创作以及后期特效等方面实现了显著的提升。

一般的剧本创作通常只需要四个步骤:第一步是按照剧作要求进行资料的收集、整理、归纳;第二步是根据编剧所提供的关键词进行联想,为剧本创作提供思路;第三步是在剧情相关的人物、情节、对话等方面提供素材;第四步是在剧本完成后,进行润色或翻译等。借助 AIGC 相关工具进行影视剧本创作时,AI 辅助的剧本创作可缩短剧本的创作周期,提升剧本创作的效率。借助 AIGC 还可以实现批量生成剧本,影视企业只需对剧本进行二次筛选和加工,即可完成剧本创作。

2022 年,DeepMind 推出的剧本创作大模型 Dramatron,通过引入一种特殊的提示方法生成剧本。当编剧输入以时间线为基准的简短故事摘要时,Dramatron 会从标题、人物、故事情节、地点描述和对话五个编码提示入手,根据时间线大纲生成相关的内容,并相互关联。并且在剧本生成的过程中,编剧可以随时介入,进行重复生成、继续生成或是手动编辑输出。

在短剧或游戏类剧本创作中,国内的海马轻帆可以支持剧本、网文、剧本杀等文本的智能评估,帮助影视行业筛选海量剧本,同时也提供小说转剧本、智能写作等帮助实现剧本孵化,为剧本创作节省了大量的时间成本。

(二)虚拟演员和虚拟场景创生丰富影视创作场景

AIGC 技术的不断成熟,让影视作品中的角色也不再依赖真人扮演,可以通过虚拟演员的打造,来获得同真人演员一样的表演效果。相较于真人演员,AIGC 生成的虚拟演员,不仅可以实现"永葆青春",还可以实现个性、人设、形象的多变,更不会因身陷丑闻而导致形象崩塌。在演技方面,虚拟演员还可以突破真实演员的表演技能和水平限制。在打造虚拟演员的过程中,影视创作方可以自主设置人物的外在形象、性格特征及肢体动作等搭配虚拟场景的特效,使虚拟演员在特定场景下的表现更生动、更自然、更丰满,给观众带来更好的观影体验。在优酷推出的漫改剧《异人之下》中,由阿里大文娱数字人厘里扮演剧中的神秘角色,成为国内数字人演员首次参演真人的剧集。

同时 AIGC 也可以通过虚拟场景搭建助力影视剧创作。影视剧当中,精良的真实场景搭建往往要耗费高昂的成本。AIGC 通过虚拟场景的搭建,不仅可以实现真实场景的复刻,还可以节约成本,有时其效果甚至超过了真实场景。AIGC 场景搭建最典型的应用就是动画场景的搭建。在动画场景中,通过虚拟场景与虚拟演员的结合,可以实现场景中多人实时互动,打造沉浸式的零距离社交体验,在角色互动、场景互动、虚拟化身等方面给观众带来超强的观看体验。

AIGC 场景辅助搭建一般需要四个步骤,分别是场景布局、一次生成、二次生成和人工修改。整个搭建的过程中,制作人只需要提供最初的场景设计,进行成稿的修改即可,可以更加专注于内容创作本身。2023 年 1 月,网飞首次将 AIGC 用于商业动画领域,推出了由 AI 参与制作的动画片《犬与少年》(*The Dog and The Boy*)。该片全长 3 分钟,由 Netflix 日本、小冰公司日本分部(Rinna)和 WIT STUDIO 共同创作。

AIGC 已经成为虚拟场景搭建的重要工具,其在搭建 3D 模型和制作场景特效方面发挥越来越重要的作用,使场景在交互和视觉呈现方面更加生动逼真,这不仅降低了传统影视的制作成本,增加了场景的丰富性,还开辟了影视创作的全新领域。

(三)智能剪辑让后期制作更出彩

后期制作作为影视制作过程中的关键环节,事关影视作品最终的呈现效果。后期制作是一项复杂和精细的工作,AIGC 作为智能助手参与其中,可以有效帮助企业提升后期制作的效果和质量。

AIGC 可以在不需要人工干预的情况下,独立完成影片的剪辑工作,使影片剪辑的效率得到大幅提升。AIGC 正成为提升影片剪辑工作效率的关键技术力量,并在影视的后期制作中发挥更大的价值。AIGC 能够基于图像识别技术自动识别出视频中的内容,搜集和提取符合视频主题的片段,节省收集和整理视频素材的时间。AIGC 还能够自动分析和理解镜头语言,学习剪辑规则,根据剪辑人员提供的文本,在充分理解语义的基础上,自主学习预先设定的剪辑规则,对视频进行精简、拼接和合成,最终生成一段完整的视频。

AIGC 还可以用于内容修复。老旧影视作品具备很高的价值,但由于早期影视剧制作技术限制,老旧影视作品的色彩画质不佳,很难得到当代观众的青睐。AIGC 作为修复技术,可以通过对大量老旧影片和现代彩色影片的深度学习,根据当下影片呈现的色彩效果,推断出影片的原始色彩效果,从而完成对老旧影片的色彩修复。

AIGC 还可以用于实现影视内容从 2D 向 3D 的转换。相较于 2D 电影,3D 电影效果更立体、更真实,能给观众带来更佳的观影体验。但 3D 影片的制作需要耗费大量的时间和精力,制作成本相当高昂,在不借助 AI 技术的情况下,一个团队制作一部 3D 电影,大概需要 24 年,耗时长且投入巨大。AIGC 技术的应用,在一定程度上解决了这一问题,使 3D 影片的制作更加简单、便捷、高效。北京聚力维度科技有限公司可以利用 AIGC 将 2D 影片转换成 3D 影片,并且可以实现在一周内完成一部院线级影片的 3D 转换。HTC 逐渐渗透到影片制作的各个领域,还将在更多细分领域覆盖影视剧制作的整个链条,助力更加丰富多样的影视作品生产。

二、AIGC＋影视的创新优势与价值

(一)降本增效提升影视产业创新活力

AIGC 在数字化水平相对较高的影视产业领域,有着十分丰富的应用场景,目前已经广泛应用于影视剧本创作、AI 换脸及换声、场景制作、分镜剪辑、数字人虚拟角色、后期剪辑、特效处理、AI 海报制作等。从电影的产业链条来看,AIGC 已经实现了包含制作方、发行方、院线、影院在内的全链条覆盖。在创作阶段,AIGC 就可以通过辅助创作,提供创意灵感,为内容创作降低时间成本。拍摄过程中,AIGC 也可以进行 AI 换脸及换声、场景及分镜制作、数字人模拟虚拟角色等操作,降低装造和拍摄成本;后期剪辑制作环节,还可以辅助生成音频、特效、编辑视频等技术,提升内容的质量,节省后期的制作成本;宣发环节,AIGC 可辅助生成海报、预告片,产生大量内容推广视频文案和素材,提升宣发效率和效果。

目前,已经有影视公司成立 AIGC 应用研究院,全面推进 AIGC 产业布局。如华策影视已经计划将 AIGC 技术应用于内容创意、内容制作、内容宣发等影视生产全链路,充分利用 AIGC 技术提升影视行业全管线效率。比如开发适用于剧本辅助创作的垂类模型,激发编剧的创意和剧本文本的生成;在制作过程中推广全 LED 屏虚拟拍摄,通过 3D 建模的数字场景,降低长期成本;在后期制作过程中使用 AI 工具实现降本增效。

据爱奇艺发布的 2023 年第二季度财报,截至 2023 年 6 月 30 日的财报数据显示,在该平台引入 AIGC 辅助剧本评估后,AIGC 对场景和人物拆解的准确率超过 90%,有效提升了爱奇艺在剧本评估、预算规划和资源管理等方面的效率。除此之外,爱奇艺通过 AIGC 技术,还迅速实现对影视剧的剧情理解,以此改进搜索结果、推荐和用户互

动来提升用户体验。爱奇艺的创始人龚宇在"2023 爱奇艺 iJOY 悦享会"上公开表示，AIGC 正在颠覆影视娱乐的方方面面，AIGC 的语言表达能力、美术视频能力、创意发散能力，能够在策划、开发、制作、宣发等四大环节为创作者赋能。

(二)跨界融合打造影视创作内容新生态

IP 资源作为影视企业拓展所需的优质资源，可以为影视业的内容端注入源源不断的能量。IP 作品通常拥有强大的品牌影响力和粉丝基础，能够吸引更多的观众关注和参与，AIGC 拥有强大的内容生成与合成创新能力，加上其在辅助创作、降本增效、提升视觉体验三方面所具有的独特优势，AIGC 可以促使优质作品产能得到进一步的释放，让 IP 价值得到最大限度的开发，极大提升数字内容的构建效率与迭代速度。AIGC 与 IP 的融合，将构建影视产业内容创生的新生态，为现有行业的增量打开新的发展空间和市场空间。

AIGC 与 IP 融合正在成为创新影视产业的新路径，AIGC 可以帮助 IP 更好地呈现出其独具特色的风格和整体设计，并通过分析大量观众反馈和相关数据，根据 IP 的特点，提供更精准的剧情创作和场景设计建议。二者的融合不仅可以提升影视作品的质量、票房和收视表现，还可以为观众带来更丰富、更多元的体验。总之，AIGC 与 IP 的成功融合，可以激发出更多创意和灵感，为影视创作者提供更广阔的创作空间，也为产业的内容生态发展注入新的活力。

第五节　AIGC＋游戏

娱乐产业覆盖人们生活的方方面面，如游戏、音乐等娱乐休闲方式成为人们陶冶情操、开阔眼界、缓解生活压力、提升互动交流的重要选择。在 AIGC 技术的赋能下,娱乐产业实现快速扩容,新内容、新玩法层出不穷,给用户带来了全新的休闲娱乐体验。

一、AIGC 创生游戏娱乐新体验

(一)趣味内容生成引发用户广泛参与

不断产出丰富多样且富于趣味性的内容是 AIGC 助力娱乐产业持续发展的关键。AIGC 的应用为内容创作者提供了多样的创作手段,生成了更多创意内容和趣味内容,激发了用户参与的热情。AIGC 的图片生成功能实现了多元风格的图片生成,可以一键生成二次元图片,也可以将写实图片一键转换成二次元图片,以满足用户的个性化需求。

(二)虚拟形象生成有效连接虚拟世界

在社交游戏等虚拟场景中,用户往往需要虚拟形象来展开活动,虚拟形象是连接虚拟世界与现实世界的桥梁。AIGC 能够根据用户提供的原始头像,借助渲染技术,帮助用户快速生成各种风格的虚拟形象。AIGC 工具还可以通过表情识别、动作识别等,丰富虚拟形象的表情和动作,让形象更生动、更逼真。例如捏脸是多人在线角色扮演游戏的标配,AIGC 技术可以支持用户通过输入文字和照片完成智能捏脸,提升用户的游戏参与感。

(三)参与游戏设计,释放游戏活力

游戏开发商和游戏玩家作为游戏内容创作的两大主体,是促进游戏发展的关键要素。AIGC 的应用为游戏内容创作带来了新的动能,让游戏内容实现了智能化的生产。AIGC 提供的人机交互模式,为游戏的剧情设计、场景设计、模拟对话等提供了新的想象空间。人机交互的对话模式下,一方面,AIGC 通过同用户的互动,实现游戏剧本的

快速生成;另一方面,AIGC 也可以通过互动帮助游戏开发商实现丰富游戏场景的搭建,真正实现游戏玩家的全程融入。

现在越来越多的游戏公司将 AIGC 融入游戏制作的流程中。对于游戏公司来说,打造专属的 AIGC 游戏创作平台将成为未来游戏产业重要的发展方向。2023 年以来,多家公司宣布布局 AIGC 进行游戏开发,以更好地实现提高游戏质量和用户体验的发展目标。目前游戏产业的 AIGC 布局路径主要有两种,一是自行研发 AI 模型和相关技术;二是接入第三方模型,例如百度、腾讯、ChatGPT 等已有的成熟大模型。而选择自行研发 AI 模型的公司,一般都已经具有大模型研发的基础和能力,如腾讯、网易等。

(四)创意内容制作带来娱乐新体验

AIGC 在音乐领域可以辅助生成背景音乐并创作歌曲,这无疑将带来音乐内容创作的新变革。AIGC 可以通过提供更加多元的背景音乐来丰富玩家的游戏体验。在游戏场景中,不同玩家表现不同,生成的背景音效也不同。AIGC 可以借助图片识别作为调控参数,生成更加多样的游戏音乐,根据玩家的不同角色创建个性化的音效,即便是同一款游戏,不同玩家在游戏中获得的音乐体验也是不一样的。

2023 年,QQ 音乐上线 AIGC 黑胶播放器,它根据用户输入的文字和图片生成不同风格的播放器,由此带动了用户音乐界面播放器创意的设计。在播放音乐方面,AIGC 不仅可以生成播放器封面,还可以实现歌曲的智能创作。随着 AIGC 技术不断成熟与完善,AIGC 生成音乐将成为音乐内容创作的主流。

2022 年 9 月,百度元宇宙歌会顺利举行,这是 AIGC 领域两种典型应用形态的创意碰撞。百度数字人"度晓晓"担任制作人,歌会内容包括演唱 AI 创作的歌曲、AI 修复画作《富春山居图·合卷》等,引发了网友的关注。元宇宙歌会给人们带来了前所未有的视听体验,让人们对 AIGC 赋能下音乐产业前景充满了无限想象。

二、AIGC＋游戏的创新优势与价值

(一)全面提升游戏开发效率,降低创作门槛

AIGC 可以在文案、角色、场景、道具生成及玩法设计方面赋能游戏开发,实现效率提升。随着游戏行业市场竞争的加剧,产品研发成本居高不下,特别是一些大制作游戏,制作难度高、周期长、成本投入大。AIGC 在游戏开发各个环节的深度应用,可以有效辅助游戏文本、图像、音频、特效的生成,全方位节省制作成本并加速游戏开发进程,降低制作门槛,提升游戏的效益产出。

AIGC 生成文本可用于制作游戏非玩家控制角色(Non-player character,NPC)对话、剧情及世界观。游戏的复杂程度不同,游戏中 NPC 的占比也不同,这就需要创作者设计大量的人物形象及对话文案,工作量巨大。AIGC 能够根据前期的模型学习与训练,为每个 NPC 自动生成具有独特设定、符合游戏剧情的对话,增强互动性,打造更具沉浸体验的游戏设计。同样在游戏剧情及整体世界观方面,AIGC 也可通过对海量剧本数据的分析、归纳,学习人物关系与剧情逻辑,通过算法构建完整的游戏叙事。除此之外,AIGC 还可以与玩家互动,使其参与到剧情制作当中,生成个性化的游戏体验。

此外,AIGC 还可以辅助玩法设计。如在卡牌类或 SLG 类游戏中,每推出新怪兽、新副本或新卡牌组合,均需要策划人员模拟所有游戏情况,这种人工验算不仅耗时耗力,也容易出错。然而,AIGC 可以快速完成游戏策划,并保证设计质量。

(二)AIGC 赋能游戏营销全过程,提升游戏推广效率

在推广筹备期,AIGC 可以辅助寻找宣传点并创建推广计划。AIGC 的自然语言处理技术能够准确分析行业趋势、情感因素,总结用户画像、制作计划文书。AIGC 还能自动快速生成高品质素材,降

低营销成本。AIGC 为素材制作者提供创意并辅助其快速生成脚本、画面、视频等。如超休闲游戏发行商 Supersonic 已使用 AI 工具为游戏自动生成符合游戏风格的优质素材；腾讯混元 AI 大模型利用"图生视频""文案助手""文生视频"等功能，自动生成推广素材，帮助游戏在多渠道进行内容推广。

在游戏推广后期，AIGC 可以协助进行精细化运营，实现个性化营销。随着游戏推广的持续展开，AIGC 还可根据用户特征以及前期投放活动数据，对营销策略进行微调，针对目标受众量身定做推广活动，精准投放广告。自动化文案撰写公司 Persado 就结合营销心理学，利用 NLP 和机器学习自动生成基于用户特征和态度的推广素材，有效提高了广告和目标受众的匹配精准度及转化率。

(三)丰富、升级交互元素，提升用户体验

AIGC 可以让游戏中的交互元素更智能，实现"千人千面"的个性化剧情，增强人机交互性与游戏的沉浸体验。NPC 作为游戏中重要的交互元素，AIGC 能够有效帮助 NPC 提升拟人化和差异化。

除 NPC，AIGC 还可通过创建角色、道具、剧情、场景等其他交互元素，带给每个游戏玩家完全不同的游戏体验。基于 AIGC 技术开发的叙事游戏"Hidden Door"通过自然语言生成(NLG)等技术构建游戏剧情，并根据玩家想法支持即兴创作剧情和完善故事细节，以交互方式实现游戏开发者所希望带给用户的个性化、高自由度体验感。

随着 AIGC 技术应用的不断落地，游戏公司也开始将 AIGC 技术融入游戏研发、发行等多个环节，自动生成语音、图像、代码等游戏要素，实现降本增效。此外，目前 AIGC 技术主要是作为辅助工具应用，并不能直接生成具有差异化、竞争力的内容。AIGC 技术应用还受到高昂成本制约，AIGC 自动生成内容虽然可以在一定程度上降低游戏制作门槛，但专业人力的配备同样需要支付高昂成本，AIGC 在游戏行业的广泛应用还需时日。

第五章

AIGC 的应用案例及工具

　　本章主要解决 AIGC 的应用问题，详细介绍不同形态内容生成的具体方法，如 AI 如何生成新闻作品、AI 如何生成音视频、AI 如何生成图像、AI 如何生成游戏等，同时分析 AIGC 应用的典型案例。

　　随着 AIGC 在多领域应用的不断深入，未来 AIGC 将凭借其便捷化、自动化、创新性、智能化、个性化、安全性等优势，广泛用于音频内容、文本内容、图像内容、视频内容以及基于不同模态的跨模态融合内容的生成，每个人都可以尝试运用 AIGC 激发想象力和创造力，融入未来内容世界创建的洪流中。

第一节　AIGC 文本的生成与处理

　　AIGC 生成文本是目前该领域应用最成熟、最广泛的场景。特别是近年来，基于编码器和解码器的端到端模型与预训练模型在自然语言处理领域的应用，端到端预训练文本生成的大模型，在智能生成文本方面开启了文本内容生成的新纪元，不仅生成文本的质量很高，而且可以胜任结构化、非结构化等多种类型的文本写作,满足多个现实场景的应用需要。

一、AIGC 文本生成的主要类型

(一)营销文本生成

营销型文案在商业活动中扮演着十分重要的角色。它是企业与目标客户之间建立联系、达成交易与合作的重要催化剂。通过富有创意和吸引力的文字和视觉内容,企业可以更好地实现传播品牌信息、企业价值、提升品牌价值的目标。

在具体的应用过程中,AI 可以帮助用户快速生成基本的营销文案、设计方案,为用户提供创意的启发,然后根据需要进行内容的调整和完善。对于依赖社交媒体内容的人来说,AIGC 还可以帮助他们提高社交媒体内容的生成质量与效率,如公众号文章、微博、短视频文案等。更重要的是,AIGC 还可以根据给定的主题和风格生成文案,针对不同的受众和渠道作出调整,以实现吸引不同目标受众的目的,让文案和营销渠道也可以进行高效的匹配,丰富营销策略的同时实现了营销效果的提升。AIGC 还能制定营销解决方案,帮助企业快速定位营销目标,为企业提供专业的数字营销方案定制工具,并借助科学的数据分析定制并形成定制版的营销方案。AIGC 可以为企业提供网站设计、邮件编辑、广告设计、广告投放等全方位的营销方案。AIGC 的引入不仅为营销领域注入了活力,生成了大量创意内容,还可以加快企业的数字营销转型步伐,极大提升内容创意的价值和效益。

(二)剧本文本生成

剧本文本生成是指以电影、电视剧或戏剧剧本的形式来进行文本内容的创作。内容的生成需要遵循剧本的规范,包括场景、台词、角色等要素,并通过对要素的巧妙安排与组合来塑造一个完整的故事,这个故事须包含具体的情节、冲突、转折等元素。

剧本的创作对创意、想象和表达能力的要求较高。AIGC 的应用主要是协助或是独立生成电影、电视剧或戏剧的剧本,可以帮助创作者减少一些重复性的工作,如提供建议、编辑和格式化文本等。同时借助模型训练和自然语言处理等技术,也能够在一定程度上模拟人类的创作思维和习惯,生成情节比较丰富的高质量剧本。

国内的海马轻帆已经在剧本创作领域收获了超过百万的用户。在剧本写作方面,海马轻帆的 AI 训练已经涵盖了超过 50 万个剧本。结合资深剧本创作人经验模型,能够快速为创作者生成多种风格题材的内容。此外,海马轻帆也拥有强大的分析能力,可以从剧情、场次和人设三个主要方向,从 300 多个维度全方位评析和评估作品质量,并且通过可视化的方式进行结果呈现,为剧本的改进提供参考。海马轻帆的剧本智能评估服务在全国影视剧市场的渗透率已经达到 80%,累计评估剧集达 3 万多集,电影、网络电视剧本 8000 多部。

(三)通用文本写作

通用文本生成能够满足诸多应用场景的需要,因而广受欢迎。在自媒体创作领域,AIGC 可以帮助自媒体用户创建文风自然、内容鲜活、幽默有趣的自媒体文案。在艺术和娱乐领域,也可以帮助用户创建电影剧本、游戏脚本、背景音乐、歌词配乐等。对于需要进行法律文书和政府公文撰写的机构和个人来说,还可以通过使用通用性写作工具生成文本撰写提纲,来大幅提升写作效率。

应用领域已经出现了一些 AIGC 通用写作工具,用户可以首先选择文本类型,然后给出写作主题,这时系统就会出现一些可选的思路,进而自动生成文章。目前 AIGC 辅助写作系统已经覆盖了职场办公、市场营销、新媒体创作等内容生成的场景,还可以实现风格转换、提取、校对、纠错、缩写、扩写、改写、续写和翻译等功能,基本上覆盖了常见的文案写作。

AIGC 在通用文本生成领域的应用有先发优势,用户使用越多、反馈越多,系统改进的程度也就越高,从而能够输出更多高质量的内容,形成正向增强效应。在写作领域,随着更多细分场景的开发,还会有更多的写作软件陆续出现,帮助人们提高文本创作的效率。

二、典型软件及应用

(一)Copy.ai

Copy.ai 是一个通用的 AI 写作工具,具有强大的文案生成能力,可以快速生成各种类型的文案,如广告文案、社交媒体文案、产品描述等,支持所有长篇或短篇内容的创建。用户只需要输入简要的信息或提供相关要求,Copy.ai 即可自动生成多种可选的文案版本,满足用户对于高效、准确文案生成的需求。

Copy.ai 是最早发布的基于 GTP-3 技术实现智能写作的工具。GPT-3 的模型包含了 1750 亿个不同的参数,训练了数以万亿计的单词和短语,用户只需要输入文章的标题和核心内容即可实现内容生成。Copy.ai 具有多语言支持、个性化定制、丰富的模板等功能。此外,Copy.ai 还不断改进其算法和模型,以提供更准确、高质量的文案生成服务,这也是其与竞争对手的区别。

Copy.ai 是典型的营销型文本处理应用。它包含 70 多个 AI 模板,覆盖的场景包括博客、社交媒体推广、产品上线等,还可以翻译 25 种不同的语言。用户只需输入标题、文案大意,Copy.ai 就可以生成一段可读性较高的文案。Copy.ai 意图将人们创作文案的构思阶段缩短 80% 以上,然后让营销人员依靠人工的修改和润色来填补剩余的 20%。

Copy.ai 前期曾获得红杉资本、老虎环球等 VC 机构的投资,但后期在团队扩张上比较保守,之后未继续获得融资,最终被后起之秀 Jasper 超越。

(二)Jasper

Jasper 是最早使用 GTP-3 大模型的创业公司之一,成立 18 个月就有了 8000 万美元收入和 15 亿美元估值。Jasper 的主要客户是营销人员,占比接近 70%。Jasper 可以生成推送广告、博客、促销邮件、信件等多种文本,应用范围十分广泛。Jasper 还能帮助企业优化 SEO,提升 Google 搜索排名。

Jasper 的核心产品是通过 AIGC 技术帮助企业和个人撰写营销文案等各种内容。Jasper 通过提供模板和协作工作的流程,帮助用户把脑海中的构想和设计变成文本。它总共有超过 50 个不同类型内容的模板,从社交媒体简介到电子商务产品描述,在具体的使用过程中,用户可以任意选择一个模板,输入所需信息,并调整输出设置,其中包括标题、语气描述等,Jasper 就会生成内容所需的背景。当用户选择了一个合适的模板后,它就可以聚焦要写作的内容,比如按照内容的具体化和相关的数据要求,让 Jasper 对撰写的内容进行精确分析。

Jasper 写作软件中最受用户欢迎的是文件编辑器,用户可以在编辑器中编写博客文章、书籍脚本和其他内容。用户只需要提供一个写作概述,系统就会生成相关的内容。如果不能得到用户的好评,它还会帮助用户完善。在具体的生成内容过程中,Jasper 会提供两种模式:一是助理模式,二是作家模式。在作家模式下,Jasper 甚至可以直接根据先前的内容,开始自动写作。

目前 Jasper 支持超过 25 种语言,拥有 5 万名活跃用户,共生成超过 60 亿字文本。Jasper 的订阅套餐每月 24 美元起,包括 2 万字的文本生成量(见图 5.1)。

图 5.1 Jasper 官网登录界面

资料来源：https://www.jasper.ai/free-trial? fpr＝tryjasperfree。

第二节 AIGC 图像的生成与处理

一、AIGC 生成图像的主要类型

(一)人物形象

在 AIGC 人像处理方面，应用最多的是人像识别。AI 可以通过识别人像中的面部特征进行身份确认，该技术被广泛应用于安防、人脸支付等场景。在广告营销、医疗诊断等领域，也被应用于对年龄、性别、表情、姿态等进行分类和分析。总的来看，AIGC 生成人像主要应用于游戏、动画、影视等领域，用以提供更逼真的虚拟人形象；也可以根据用户提供的照片自动生成各种风格不同的肖像。

(二)建筑装修

AIGC 也被应用于建筑设计领域，只需要提出设计要求，AIGC 就可

以为设计师提供方案。诸如 Midjourney 或 Stable Diffusion 还可以生成概念设计图、平面图、立体图、剖面图、透视图、手绘图和景观设计图。但这些图片与真正的设计图仍有较大差距，更多的还是为设计师提供参考，真正能够落地的设计还需要设计师结合专业知识进行细化与完善。

（三）平面设计

AIGC 可以辅助生成平面设计作品，例如微信公众号插图、活动海报等。也可以对图像进行优化处理，让设计作品更精美。比如微软 Designer 既可以为用户生成素材，也可以进一步编辑和优化，结合生成与编辑功能于一体。在品牌设计方面，AIGC 还可以生成一系列的设计元素，如标志、配色、字体等，帮助品牌有效提升辨识度；也可以协助设计师完成日常设计任务，如图像处理、颜色搭配等。

（四）产品美化

电商领域，产品图片的美化非常重要。AIGC 不仅可以省去产品的拍摄环节，只需要提供基础的产品图片，就可以自动生成背景。将背景与产品图片拼合生成不同环境、不同背景下的产品图片，提升产品广告的丰富度。不同的应用软件效果不同，有些软件只需要上传产品图片，然后输入提示语就可以自动生成不同背景、多个视角的广告图片；有些软件甚至可以直接将产品图片生成海报。

在产品领域，除了产品平面设计图和海报，AI 还可以生成模特。2020 年阿里就推出了国内首个 AI 模特"塔玑"，它基于目标人脸模块生成虚拟人脸，并利用算法将服装穿在模特身上。

（五）服装设计

AIGC 可以帮助设计师快速生成新的服装样式，处理一些重复性的工作，从而提升设计师的工作效率，让他们能够在专业的创意工作方面投入更多精力。

二、典型软件及应用

（一）Stability AI

Stability AI 是一个开源的生成式 AI 平台，旨在激发人类创新的潜能。平台提供了多种工具和模型帮助用户利用 AI 技术生成新颖和独特的视频、图片、音乐、文本等内容。Stability AI 目前已经成为一个庞大的社区，聚集了 14 万名开发者、研究者和技术爱好者，共同开发了多个前沿的开源 AI 模型。

Stability AI 成立于 2020 年，在 2022 年 8 月才正式公开发布 Stable Diffusion。Stability AI 采用的是开源技术，通过 Stability AI 开放工具，用户可以根据输入文字信息来创建图像，也可以在其代码的基础上构建与设计电影、增强现实、视频游戏、广告甚至电子商务相关的应用程序。

目前，其社区通过这套开源技术已经创造出了几乎涵盖所有媒体内容形态的 AI 模型，包括图像、语言、音频、视频以及 3D 内容等 AI 模型。

（1）Stable Diffusion 2.0：基于扩散模型的文本到图像生成器，可生成高分辨率、逼真和多样化的图像。

（2）DreamStudio：在线生成式文本到图像套件，让用户轻松创建新颖和独特的设计。

（3）Platform API：支持多种语言和平台的 SDK，帮助用户在自己的应用中使用 Stable Diffusion 2.0 和其他 Stability AI 提供的模型。

（4）Photoshop Plugin：在 Photoshop 中使用 Stable Diffusion 2.0 生成和编辑图像的插件。

（5）Blender Plugin：在 Blender 中使用 Stable Diffusion 2.0 以及其他 Stability AI 提供的模型，为自己的 3D 建模和渲染添加 AI 的魅力。

(二)Midjourney

Midjourney 是一个由同名研究实验室开发的文本生成图像工具,2022 年 7 月进入公测,使用者可通过 Discord 的机器人指令进行操作,不需要编程。Midjourney 作为 AIGC 图像生成领域的领头羊,凭借其在人像生成方面的优异表现获得了用户的广泛认可,Midjourney 生成的人像几乎可以和真人照片相差无几。

Midjourney 使用的底层技术是 Stable Diffusion,同时也采用了多种开源技术,包括 GPT 预训练模型、StyleGAN2 和 VQGAN 等。在生成图片的具体过程中,Midjourney 会先采用 GPT 技术生成一个高级描述,然后使用 StyleGAN2 技术生成真实图像,再使用 VQGAN 技术进行优化处理,最终生成一张与描述相符的图片。

Midjourney 在艺术创作、游戏开发、电影特效等领域具有较强的应用前景。

(1)人像卡通化:将人物写实照片转换成卡通形象。

(2)轮廓生成:可根据输入的文字描述生成对应的图像轮廓。

(3)色彩生成:利用 GAN 模型,生成具有艺术感和创意的彩色图像。

(4)视频换脸:对视频中人物的面部进行换脸操作。

(5)视觉问答:通过图像识别和自然语言处理技术,对图像的问题进行回答。

(6)人脸合成:将不同人物的面部特征进行合成,生成新的面孔。

2023 年 3 月,Midjourney 发布了 V5 版,在画质、细节、风格等方面都有了进一步的提升,甚至可以正确渲染手掌等难度较高的部位,它的最大特色是可以生成具有五根手指的人类图像。V5 版 Midjourney 使用了经过数百万人造艺术作品训练的 AI 模型,可以生成高清化、超现实或写实风格的图像。同时,系统对提示词的读取能力也更强了,无论是中文还是英文,无论是单个词还是长句子,都可以准确理解用户的意图,并尽可能地满足用户需求。

（三）DALL-E

DALL-E 是由 Open AI 设计的一款多模态学习模型。DALL-E 来源于著名艺术家萨尔瓦多·达利（Salvador Dali）和经典动画角色 Wall-E 的灵感。DALL-E 具有超强的文本理解和图像生成能力，它可以将自然语言处理和计算机视觉技术完美融合。它支持将文本转换为图像，也可以对用户上传的图像进行修改。DALL-E 的训练基于大量数据的支持，通过学习成千上万的图像—文本对，DALL-E 掌握了文本描述与图像的相互映射。

DALL-E 主要应用于艺术创作、广告设计等领域。随着 DALL-E 相关技术的不断迭代，它也支持虚拟现实和游戏场景。借助 OpenAIde API，DALL-E2 还可以与其他语言模型、自然语言处理工具和人工智能服务进行集成，实现更多的应用场景。

2023 年 10 月，DALL-E3 正式发布，它无需本地部署，在线即可根据提示词组合生成各式的图像。通过将文生图模型与 ChatGPT 结合，DALL-E3 实现了推理能力的巨大提升。现在用户只需要输入简单的词语，ChatGPT 就可以自动对提示词进行扩展、生成定制的细节提示，这不仅可以准确理解用户提示，还能捕捉提示中的细节和细微差异的语义描述，从背景到人物，实现每一个细节的呈现，让用户的创作更加精彩。

第三节　AIGC 音频的生成和处理

一、AIGC 生成音频的主要类型

（一）语音识别

语音识别（Automatic Speech Recognition，ASR）技术，就是将人

类的语音信号转换为数字信号，并以文本的形式输出，这是 AI 音频生成领域的一个关键技术。这项技术广泛应用于语音搜索、智能客服、语音翻译等领域。如智能手机的语言输入功能、Siri 的语音助手、录音笔等，都是该技术的典型应用。随着人工智能相关技术应用场景的不断拓展，语音识别还被广泛应用于智能家居领域，如 Alexa、小度智能音箱、小爱智能音箱、智能家居控制等。在商业领域，语音识别也被用于电话自动回复、市场调查等，有效降低了企业在客服方面的投入。

语音识别技术原理是基于深度学习模型，如循环神经网络（RNN）和卷积神经网络（CNN），实现准确识别和转录人类语音。在教育领域，语音识别可以用于自适应学习、个性化推荐等，帮助学习者提升学习效果。在娱乐领域，语音识别可以用于虚拟主持人、音乐合成等。

（二）音乐生成

音乐生成技术是通过 AI 手段自动生成音乐，是 AI 音频生成的另一重要领域。AIGC 生成音乐主要利用机器学习和深度学习算法，如生成对抗网络（GAN）和自编码器（AE），来模拟人类的音乐创作过程。虽然当前生成的音乐质量尚需提高，市场接受度有限，但其在音乐创作、游戏音效制作、电影配乐等方面的潜力不容忽视。

在 AIGC 编曲方面，已经可以实现基于乐曲开头的旋律、图片、文字、音乐类型等生成特定乐曲。音乐生成技术的数据来源包括音乐库、音乐样本和音乐理论等，基于此，可以产生各种风格的音乐片段和完整的音乐作品。2021 年末，贝多芬管弦乐团在波恩首演由人工智能谱写的贝多芬未完成的《第十交响曲》。该乐曲的生成就是以机器对贝多芬作品的大量学习为基础的。

（三）语音合成

语音合成技术是将文本信息转换为口语化的语音进行输出的过程，是 AI 音频生成领域中核心的应用之一。语音合成能够精确模拟人类的语音特征,包括音色、音调和语气。语音合成的应用场景十分广泛,如日常生活中的语音助手、语音导航、朗读软件等。2023 年,这一领域占据了 AI 音频生成市场的近 70% 份额,体现了其在行业中的重要价值。

语音合成代表了人工智能音频合成的领先方向。语音合成可以实现精细定制,提供不同的音高、音色和音调,从而创造出更精彩生动的声音。语音合成利用神经网络音频生成和深度学习,还能够掌握口语的细微差别和情感的微妙变化,特别适合需要强烈情感表达能力的应用。人工智能音频生成技术的发展不仅是技术革新的产物,也是未来数字化世界的重要组成部分。

二、典型软件及应用

(一)Resemble AI

Resemble AI 是一款灵活的 AI 语音生成器,专注于 AI 人工智能语音合成配音,可帮助用户从文本中创建语音,以及为广告生成文本。同时还可以帮助用户创建定制的语音角色,用作语音助手,让语音合成变得更加自然、灵活和个性化,并能克隆呼叫中心代理的语音。

Resemble AI 的核心技术是基于深度学习的神经网络模型,只需通过少量的语音样本它就可以学习一个人的声音特征,然后根据用户提供的文本,生成与原声音相似的语音内容。它还可以根据用户的要求,调整生成语音的语速、语调、情感等参数,以获得更加逼真的效果。

Resemble AI 的应用场景很广,教育、广告、游戏、电影、有声书、客服等都可以落地应用。Resemble AI 的应用功能比较全面,语音相关的技术几乎都已覆盖。

(1)语音克隆:用户只需要提供 5 分钟左右的语音样本,就可以创建一个与原声音相似的人工智能模型,并用它来结合文本内容生成新的语音;还可以根据参数调整语音,使其更符合应用场景。

（2）配音脚本：用户上传或编写配音剧本，可以批量生成多个角色之间对话的语音内容。并实现为每个角色分配不同的声音，同时控制每个角色说话时的情感、语调、语速等参数。

（3）实时语音转换：同步将采集的声音素材转换成目标声音，并与之进行对话。通过控制生成声音，让用户体验不同的声音角色和互动感受。

（4）跨语言转换：将声音素材转换成任意语言，实现内容的跨文化传播。可广泛应用于广告、传媒、旅游等场景，帮助用户跨越语言沟通障碍。

（5）人工智能填充：将声音素材和合成的语音混合使用，实现无缝衔接。用于修正、补充或删除语音内容，获得流畅的语音体验。

（6）音频编辑：像编辑文本一样，对生成的语音进行编辑，实现对语音内容的修改和优化。还可以调整语音的音量、速度、音高等参数，让语音听起来更加自然。

（二）倒映有声

倒映有声成立于 2019 年，专攻语音合成（Text To Speech，TTS）技术领域，提供基于端到端的神经网络的音频合成系统及行业解决方案，以领先的神经网络设计和先进的深度学习合成器为依托，独创情绪、情感控制模块，在音色模拟、情感展现、定制化服务、多语种等方面具有独特优势。

倒映有声通过打造 AIGC 神经渲染引擎，以自研的神经渲染（Neural Rendering）技术、数字孪生（Digital Twin）技术，TTSA（Text to Speech & Animation）技术即基于文本和语音合成，实时生成音频和视频，率先布局 AI 数字分身 IP 生态，并通过数字分身 IP 输出 AIGC。

倒映有声通过自研神经渲染技术，利用深度神经网络进行图像合成，不需要 3D 建模，就可以快速复刻真人形象，并且可以高度还原人物的表情和行为。加上其在富情感语音合成（ETTS）技术上独创的情绪风格表达、控制模块,保留类似真人的音调和韵律,让音色听起来更加饱满自然,充满感情。自研的 TTSA 技术,可以轻松实现文字一键转音视频。用户只需要上传文稿就可以生成以 AI 数字分身为主播的视频,实现新闻播报、知识科普、品牌宣传、商品介绍等内容输出。

目前,倒映有声已经同中央广播电视总台音频客户端"云听"、河南广播电视台等建立合作并实现产品落地;将头部酷潮 IP"魔鬼猫"从平面 IP 变成 3D 数字分身 IP,以及打造眼科医生陶勇 AI 数字分身公益科普 IP 等项目。

第四节　AIGC 视频的生成和处理

一、AIGC 视频生成的主要类型

(一)AI 剪辑

应用 AI 进行视频剪辑可以有效提升视频剪辑的效率。AI 通过对视频内容的语义分析,自动提取相关信息并分类和归纳。

(二)AI 特效

AI 特效已经被广泛应用于视频内容的生成与传播当中,很多电影中的情节都用到了云渲染和 AI 特效技术。

通过 AI 技术,还可以对视频进行修复,比如自动去除噪点、雾霾等干扰因素,提高视频的清晰度和质量。也可以用 AI 生成虚拟人物、虚拟场景等,制作出逼真的特效。许多现实世界中难以建构的场景或难以实现的拍摄效果,都可以应用 AI 特效来弥补。在影视剧的制作当中,还可以通过 AI 换脸实现对演员的替换,避免因演员调整造成的损失。

(三)衍生式生成

衍生式生成主要是基于用户提供的视频衍生出新的内容,是视频生成视频的一种形式。因此,衍生式视频也可以视为一种视频的转换过程。衍生式生成视频同样基于神经网络和深度学习技术,指导模型生成图像。相对于图片生成视频的模式,视频生成视频的难度和复杂性要高很多。

(四)创造性生成

创造性生成是 AI 模型不直接引用现有素材,而是完全基于模型自身能力生成视频。从原理上来看,视频的本质是由一帧一帧的图像组成的,所以视频处理与之类似。创造性生成对技术、创造力要求都很高。该领域仍然处于技术尝试阶段,视频的时长、清晰度等都有很大的提升空间。

二、典型软件及应用

(一)Runway

Runway 成立于 2018 年,是一个集合多种人类智能模型的平台,主要向用户提供可视化、简单易用的 AI 工具,用户主要为设计师、艺术家和开发人员,Runway 以帮助他们利用人工智能技术创建作品为目的。

Runway 可以根据用户提供的文字或图片生成新的内容,或者对内容进行修改和完善。Runway 可以提供 8 种视频模式,包括文字转视频、文字加图片转视频、图像转视频、程序化模式、故事板模式、定向修改模式、渲染模式和自定义模式。Runway 创业之初的产品形态是一个关于机器学习模型的应用商店，用户可以在平台上使用数百个模型，比如 StyleGAN。后来的 Runway 已成为一款成熟的视频编辑器，可以在浏览器中进行实时协作。因此，Runway 被定义为下一代视频创作者的新工具。

目前，Runway 基于新的 AI 算法发布大约 30 个 AI 创作工具，包含音频、图片、视频、3D 和生成五个大类，涵盖了几乎所有的音视频内容生成和处理工具。用户可以在 Runway 上创建和发布预先训练好的机器学习模型，用于生成逼真的图像或视频等。此外，用户还可以训练自己的模型，并从 GitHub 导入新模型。2023 年 3 月，Runway 推出了 Gen-2 模型，允许用户从文本、图像和视频片段中生成视频内容。

Runway 的优势在于它同时具备图像处理、图像分割、图像修复、图像转换、语音合成、语音识别和视频合成等多种功能，但其中最成熟的还是视频剪辑。它在 Magic Tools AI 工具、插件中加入了三个主打的 AI 辅助功能。

（1）Green Screen：通过 AI 计算将选择的对象以绿幕的方式剪裁出来，并自动帮助用户补全贴合主题的轮廓。

（2）Inpaiting：类似于图片修复功能，通过手动选择范围，将选定范围内的主题删除，并用周围的背景值通过 AI 计算进行填充。

（3）Motion Tracking：选定视频内的一个主体，用户添加的其他效果可以跟随这个主体移动。

（二）Sora

Sora 是由美国人工智能研究公司 OpenAI 研发的一款人工智能文生视频大模型，它可以根据用户提供的文本内容，生成最长达到 60 秒的高清晰度、连贯的逼真视频，这对于目前同行业内生成视频时长平均 5～15 秒的产品来说具备十分显著的优势。因此，Sora 在美国当地时间 2024 年 2 月 15 日正式发布之后，便引发了全球的关注。

事实上 Sora 并非"无中生有",它是在 OpenAI 已有的文本生成视频模型 DALL-E 的基础上开发而成的,特别是继承了 DALL-E3 的画质和遵循指令能力,让其能够十分准确地理解用户提出的具体要求。Sora 是在互联网公开可用数据和 OpenAI 授权数据的组合上进行训练的。基于对物体在物理世界存在方式的学习与掌握,Sora 可以深度模拟真实物理世界,生成具有多个角色、包含特定活动的复杂场景,这标志着人工智能在理解真实世界场景并与之形成互动方面实现了质的飞跃。但在生成手部、复杂的物理过程以及随时间发生的运动或轨迹方面仍存在局限。

Sora 被业界称为 AIGC 视频领域中的"王炸",正如其名称中所蕴含的深意,它将为世界带来无限的创造潜力。特别是影视艺术家、电影制片人、电影导演、短视频创作者等,将借助 Sora 为视频内容的创作带来无限的可能。

OpenAI 在发布 Sora 当天即发布了 48 个文生视频案例及相关的技术报告。从 Sora 发布的视频案例来看,这些视频的亮点十分突出,一是突破了现有文生视频的时长极限,视频内容达到了 60 秒时长,并且可以保持视频主体与背景的高度契合性、稳定性和流畅性;二是视频是连续的多帧图像而非简单的图片组合,且内容采用多角度镜头呈现,分镜切换自然,视频内容有较强的逻辑性;三是视频复杂度相对较高,细节处理到位,是对真实物理世界理解基础上的呈现,对于光影反射的细节、运动轨迹及方式、镜头移动与切换等处理得当,极大地提升了视频的真实感,效果甚至与一般的影视剧场景不相上下。

从当前的 AI 辅助生成视频的模型类型来看,目前主要的类型包括循环网络、生成对抗网络、自回归变换器和扩散模型。一般的视频生成模型主要专注于视觉数据的一个狭窄类别或生成固定大小的视频。而 Sora 是一个扩散 Transformer 模型,在多个领域展示了其显著的扩展性能,包括语言建模、计算机视觉和图像生成等,因此也被视为一个视觉数据的通用模型,其可以生成跨越不同持续时间、宽高比和分辨率的视频和图像。Sora 能够适应的宽高比包括：宽屏 1920×1080p 视频、竖屏 1080×1920p 视频以及它们之间的所有格式。这使得 Sora 能够直接以不同设备的原生宽高比创建内容，同时还允许用户使用相同模型在全分辨率生成之前，快速原型化较小尺寸的内容。

但根据最新的媒体报道来看，2024 年 3 月，Sora 核心团队三位成员在接受国外一家播客采访时表示，Sora 还处于反馈获取阶段，还不是一个产品，短期内不会向公众开放。相信随着 Sora 开发团队的持续努力，该模型会有效攻克当前的技术短板，在文本生成视频方面爆发出更大的潜力，创生出更多优质的视频内容，赋能先关产业的发展。

（三）D-ID

D-ID 成立于 2017 年，是一款人工智能视频生成平台，它可以根据简单的文本内容快速生成高质量的视频，其背后的技术支持由 Stable Diffusion 和 GPT-3 提供。D-ID 可以支持 100 多种语言的视频内容生成。

D-ID 最早是为了解决人脸识别软件中的隐私安全问题，帮助用户在人脸识别时保护个人隐私。后来公司为人脸识别和处理技术找到了一个更具潜力的应用领域——人像动画。随着这个产品在社交网络的传播最终使其成为家喻户晓的 AI 工具。目前平台用户已经产生超过 1 个亿的视频，用户聚集了财富 500 强公司、营销机构、社交媒体平台等。

D-ID 在技术层面掌握了人像方面的核心技术，如文本转语音用的是微软和亚马逊的 API，而文本生成照片则用的是其他的开源软件。

除了这些主要功能，D-ID 还提供了一些其他的技术支持，如自定义音乐，让用户可以根据自己的喜好选择不同的音乐来作为视频的背景音乐。用户也可以将自己的品牌标识添加到视频中，从而增强品牌的宣传效果。D-ID 还支持多种风格的视频制作，如纪录片、动画、商业广告等。

(四)腾讯智影

2023 年,腾讯发布了云端智能视频创作工具——智影,它是一款在线智能视频创作平台,支持文字转视频、文字配音、智能抹除、智能变声、数字人等多项功能。智影还提供 AI 绘画、配音、语音转文字、数字人、元宇宙虚拟主播、视频审阅、内容分享等创意工具服务。云端剪辑相对于一些本地服务平台而言效率会更高,究其原因在于其拥有的网络素材库。

智影的文本配音功能可以直接将文本转为语音,并提供上百种音色供创作者选择,以此满足新闻播报、短视频配音、有声读物等多个应用场景的需求。以一段 1000 字的文本内容为例,智影可以在 2 分钟内完成配音和发布,同时能手动调整语音倍速、局部变速、多音字和停顿等,还支持方言和多情感发音,让音频更生动。智影还提供了变声功能,可以帮助用户在保留原有讲话节奏的情况下,将声音转换为其他的人声,丰富创作的内容。

智影小程序提供的数字人播报功能不仅还原了智影官网数字人的制作方式,还能实现在手机小程序上生成数字人口播视频。操作十分简单,可以根据个人喜好对数字人形象、背景进行更换,也可以在背景画面上拖动进行大小缩放和位置调整。

智影的三个特色功能如下。

(1)数据视频:智影提供在线图标编辑功能,不仅能编辑饼图、柱状图,还能编辑一些动态图标。在线编辑完成后,可以一键将数据图标素材导入剪辑项目,提升剪辑效率。

(2)数字人播报:智影提供了总共 7 款虚拟数字人主播,匹配了普通话外加 4 种主流方言语音包,用户可以选择自己喜欢的虚拟主播及语言来进行内容创作。

(3)文章转视频:用户只需要输入文本内容和发布在腾讯新闻的文章网页链接,智影就可以将其转化成由网络素材、合成语音组成的视频内容。

第五节　AIGC 与虚拟数字人

一、AI 虚拟人的主要类型

虚拟人使用计算机图形学技术创造出与人类形象接近的数字化形象,同时具有多重人格特征,通过赋予其特定的身份设定,为人类带来更加真实的互动感受。一般而言,数字人的范畴包含虚拟人,虚拟人的范畴包含虚拟数字人。2007 年日本制作了第一个被广泛认可的虚拟数字人"初音未来",到今天,虚拟数字人的应用场景已经从虚拟偶像、影视表演以及品牌营销扩大到电商、传媒、教育、金融、医疗等多个领域。

目前,从虚拟人的制作来看,可以分为两类:一类是由人驱动的"中之人",主要依靠人力驱动虚拟主播进行直播,这种驱动方式需要进行大量的拍摄及后期工作,成本较高,众多 3D 虚拟人采用的便是这种方式;另一类是 AI 驱动数字人,主要是使用机器学习,靠数据等方式训练数字人完成特定的任务。这类数字人通常应用于工作重复量高的服务型场景,目前在直播间带货的 2D 真人数字人大都属于该类。

另外,从虚拟人的互动方式角度看,也可以将虚拟人分为互动型虚拟人和非互动型虚拟人。

(一)互动型虚拟人

互动型虚拟人可以通过视觉、声音和语言等手段与用户进行实时交互,这种虚拟人以自然语言处理、计算机视觉、人工智能推荐等作为技术基础,可以对用户输入的自然语言或指令进行反馈或实现动作。目前,互动虚拟人被广泛应用于智能客服、虚拟导购、在线教育等场景,能够有效提升用户的互动体验与满意度。根据 IDC 的相关报告介绍,金融行业是当下数字人应用相对更成熟的领域,到 2025 年,预估超过 80％的银行将部署数字人,承担 90％的客服和理财咨询服务。例如浦发银行是国内最早使用数字人的银行,目前 3D 数字人"小浦"已经能胜任 20 多个岗位,包括大堂经理、电话客服、财富规划师、文档审核员等。

但目前 3D 数字人也存在诸多短板,从形象来看其与真人相差仍然较大,往往以动画人物形象居多,适用于虚拟 IP 的打造。而对于该类型数字人打造来说,从面部轮廓到服饰场景都需要自定义打造,成本更高,制作周期也更长,报价往往超过 20 万元。

(二)非互动型虚拟人

非互动型虚拟人是被用于网络视频、电视、电影、游戏中的虚拟人物,用户无法与之直接互动。这些虚拟人主要是为了增加视觉效果、丰富画面设计等,或者用于输入特定的内容。这是目前应用最广泛的数字人,生活中常见的虚拟新闻主播、虚拟金融顾问、虚拟网络主播、虚拟演员、虚拟导游等都属于该类型。

随着 AI 技术的快速突破,虚拟数字人的发展进入新阶段,正在由"数字人"变成"数智人"。尤其是 AIGC 技术(包括自然语言、图像、声音等)多模态处理,让虚拟数字人发展进入了高速期。AI 技术正在逐步覆盖虚拟数字人建模、视频生成、驱动等全流程。未来,数智人将在医疗、教育、制造等多个领域发挥更大作用。

二、典型软件及应用

(一)微软小冰

微软小冰是微软(亚洲)软件技术中心在 2014 年开发的基于情感

计算框架的人工智能系统。2020 年,微软将小冰分拆为一个独立的公司,加快了其创新和商业化步伐。小冰单一品牌目前已拥有 6.6 亿在线用户、4.5 亿台第三方智能设备和 9 亿内容用户。小冰已完成与腾讯、小米、今日头条、Vivo 等企业的合作,已落地应用覆盖金融、零售、汽车、地产、纺织等多个领域。

2014 年 5 月,微软推出 AI 聊天机器人——第一代小冰。其人设被打造为 16 岁的少女,定位是人工智能伴侣型聊天机器人,除了闲聊,小冰还具有提醒、百科、天气预报、交通智能、餐饮点评等功能。但由于对话量过大,第一代小冰出现了一系列故障,最终因此下线。

2016 年 8 月,第四代微软小冰发布,小冰可以实现双向同步互动,还解锁了创造能力模块,可以写诗、唱歌和财经评论。

2017 年 5 月,首部人工智能创作的诗集《阳光下的失落之窗》由微软小冰出版。歌手微软小冰也陆续推出了几十首歌曲,包括《我知我新》《微风》《我是小冰》《好想你》等。

2019 年,微软小冰升级到第七代,成为全球最大的跨领域人工智能系统之一。

2020 年 8 月发布的第八代小冰,结合了人际交互的人性化以及人际交互的高并发率特点,突破了以往系统的交互瓶颈。

小冰提供的 AI 数字员工产品,基于人工智能小冰框架,包含数字专家和数字员工等完整产品线。在形象定制方面,仅需 20 分钟时长的有效数据样本量即可生成数字人形象,并且支持多服装、多表情、多动作;内容生成方面,基于小冰框架的 AIGC,数字人可实现对业务数据的快速学习,获得相应技能,稳定输出文本、图片、音频、视频等内容;交互能力方面,其拥有情感对话能力和多模态交互能力,可人声定制,支持多语种、多方言。

2024 年年初,小冰推出最新的克隆人产品,小冰克隆人允许经过身份认证的创作者通过技术复制自己的个性、声音、外貌等,并与粉丝交互。这些克隆人不仅能进行中英文对话,还具备演唱歌曲的能力。

拥有超过 50 万粉丝的大 V 网红已超过 1000 人,他们在全网的粉丝总数超过 7 亿人,成为全球最大的 AI C2C 私域平台。

(二)百度智能云曦灵智能数字人平台

2021 年年末,百度在 AI 开发者大会上发布了智能数字人平台"百度智能云曦灵",这是一款集数字人生产、内容创作、业务配置服务于一体的平台级产品,为传媒、互娱、金融、政务、运营商、零售等行业提供一站式的虚拟员工、虚拟主持人、品牌代言人、虚拟偶像的创建与运营服务。

在此之前,百度推出的系列数字人就已经遍布各行各业,包括为听障朋友提供手语服务的央视新闻 AI 手语主播、央视网数字人小 C。其中,央视新闻 AI 手语主播于 2021 年 11 月正式亮相,该虚拟主播从 2022 年北京冬奥会开始,全年无休,为听力障碍群体做好报道。央视网数字人小 C 是一个数字虚拟小编,在 2021 年"两会 C+真探系列直播节目"中担任起了记者的角色,与全国人大代表进行独家对话。

数字人可以按场景分为演艺型数字人和服务型数字人。在演艺型数字人方面,百度智能云曦灵已经打造了央视网虚拟主持人小 C、航天局火星车数字人祝融号、百度集团数字人希加加、手机百度代言人龚俊等一系列数字人。在服务型数字人方面,百度智能云曦灵已经拥有如浦发银行、民生银行、交通银行、中国联通等大量客户,在数字客服、数字理财专员、数字大堂经理、数字展厅讲解员等应用场景中为线上线下的用户提供服务。

在数字人生成维度,百度智能云曦灵平台支持多种风格数字人打造,可以生成 3D 写实、2D 写实、3D 卡通三种类型的数字人。在内容生产维度,通过人像驱动、自然语言理解、语音交互、智能推荐等四大 AI 引擎,支持真人场景下多样化内容的快速生成、业务配置。基于面部 4D 数据(3D+时序)的高精数字人,可以实现文字到形状的跨模态面部表情生成,使得口型合成准确率达 98.5%。

百度智能云曦灵平台还面向金融、媒体、运营商、MCN 机构等提供服务型数字人、演艺型数字人解决方案,降低数字人应用门槛,实现人机可视化语音交互服务和内容生产服务,有效提升用户体验、降低人力成本。百度智能云提供的数字人服务可应用在手机 App 端、云屏端,大幅提升了应用的便捷度。

第六章

AIGC 带来的机遇与挑战

> 本章在全面梳理 AIGC 带来的创新机遇及发展图景基础上，客观审视了我国 AIGC 相关技术及产业的发展现状，理性分析了当前技术的应用生态，以及 AIGC 在发展中不容忽视的技术伦理、传播伦理等问题，以期能帮助学习者建立起更加审慎、科学、辩证的思考方式与理论视野。并在此基础上对 AIGC 的发展趋势及未来图景进行了展望。

第一节　AIGC 带来的创新机遇与图景

AIGC 应用的落地为各行各业带来了前所未有的创新机遇。这不仅因为其大幅提高了内容创作的效率，通过自动化实现批量生成、质量稳定的创意内容，节省了人力和时间成本。更重要的是 AIGC 作为一种创新理念，将颠覆传统意义上人们对内容的价值认知、对创新的认知。

AIGC 的核心价值即在于利用人工智能技术，自动生成文本、图像、音频或视频等内容。这种技术的创新性突破了传统内容生成场域中个体的局限，让人类的创造力和生产力实现了跃升。更重要的是，人并没有完全受制于技术，其本身仍在创新的过程中发挥着主导与协作的价值,AIGC 学习和模仿的始终是人类的创作风格,从而产生出既新颖又具有吸引力的内容。

AIGC 作为一种创新的理念,正在逐步改变人们对于内容创作的认知和实践方式。它不仅仅是技术进步的产物,更是对未来创作模式、产业生态和社会文化的一次深刻预见。随着人工智能技术的不断成熟和发展,AIGC 的影响力将会越来越大,它所代表的创新理念也将继续引领内容创作的未来趋势。

一、AIGC 作为引发技术连锁变革的关键变量,推动数字社会的整体智能化水平提升

人工智能和计算机科学的快速发展正在引领人类社会进入一个以数字技术为核心的新发展时代。AIGC 将通过先进的人工智能技术在多个领域的应用落地,来助力整个社会的智能化水平提升。这种转变不仅仅局限于某个单一产业,而是涉及社会的各个层面,包括工业、医疗、教育、交通等诸多领域。随着智能化成为社会的显著特征,AIGC 将在各个领域发挥越来越重要的作用,从日常生活的方方面面到高端科技的研发,无时无刻不在影响着人们的生活和工作。

随着 AIGC 技术兴起,数字内容将逐步成为社会发展所需内容的主要形态。这意味着,整个社会都将越来越依赖数字化的解决方案,通过优化操作流程、提高效率来实现创新服务。数字化技术的普及和应用将使得信息处理更加迅速,决策更加精准,服务更加个性化,从而真正推动社会运行效率和生活质量的提升。

AIGC 的应用与普及将在无形中推动人工智能的研发与提升,届时智能算法和机器学习技术的最新进展将直接作用于社会的各行各业,催动产业内部创新、变革的同时,还能够创造新的经济增长点。例如智能制造系统能够实时监控生产线,预测维护需求,从而减少停机时间并提高生产效率。在医疗领域,人工智能可以帮助医生更准确地诊断疾病,个性化地制定治疗方案,提高医疗服务的质量和效率。

AIGC的应用还将带动跨行业合作,促进知识共享和技术转移,以更快地将人工智能技术转化为实际应用。这种跨界合作不仅加速了技术的革新,也为解决复杂的社会问题提供了新的思路和方法。总之,AIGC的推动作用是多方面的,它不仅促进了数字技术的发展,还在全社会范围内推动了智能化水平的提升,届时人们的生活将变得更加便捷,整个社会的运行将变得更加高效和可持续。

二、AIGC将为现有产业结构和产业格局的变动提供持续给养,不断催生出新的业态与经济增长点

AIGC将从底层推动产业结构和格局的变动,这种变革不仅会改变现有的产业格局,而且还将催生出全新的业态,成为经济增长的新动力,甚至会在全球范围内引发新一轮的产业革命。在这场革命中,传统的产业边界将被重新定义,甚至可能被完全打破。新兴产业,如人工智能、大数据、云计算等高科技领域,将迅速崛起,成为推动经济发展的新引擎。这些领域的发展不仅仅是技术层面的突破,更是对传统商业模式的颠覆,它们将引领一系列创新的商业模式和服务模式的出现。

随着产业外部变革的加剧,产业内部也将经历深刻的变革。例如,制造业通过智能化升级,将实现生产效率的大幅提升,从而在全球产业链中占据更加有利的位置。农业也将借助精准农业、智能农机等技术,实现生产方式的根本转变,提高产量和可持续性。AIGC还将促进服务业的创新和发展。随着人工智能技术的应用,服务业将更加注重个性化和定制化,提供更加贴心、高效的服务。金融科技、在线教育、远程医疗等领域将迎来快速发展,为人们带来更加便捷的生活方式。

可以预见的是,AIGC所引发的产业结构和格局的变动,将不会限于某一特定领域,而是波及社会经济的方方面面。新的业态也将随之诞生,这些新业态将成为推动全球经济增长的新引擎,为人类社会

的发展注入新的活力,加速经济发展的多元化、智能化、创新化步伐。

供给端的变化也将带来用户需求与消费的变化,AIGC 作为推动消费市场增长的新引擎,正在开辟前所未有的消费领域,为消费者提供更加个性化、高效和互动性强的内容体验。这一新兴领域不仅能够成功吸引用户的注意力,还能够激发他们的消费欲望,为行业带来新的增长机遇。

AIGC 提供的内容不仅能够满足消费者对于娱乐、教育和信息的需求,还能够为他们提供定制化的体验。在零售行业中,AIGC 可以根据消费者的购物习惯和偏好,帮助商家生成个性化的产品推荐和促销信息,从而提高销售额和顾客满意度;还可以创造出精准定位的广告内容,吸引潜在客户的注意力,并促进购买行为。同时这种高度定制化的营销策略还可以为企业带来更多的利润空间。AIGC 作为前沿消费的引领者,正在凭借全新的消费体验,以更高效、更个性化的服务为消费市场带来新的活力,也将在未来的消费市场中扮演越来越重要的角色。

三、AIGC 将进一步推动跨学科、跨行业的融合创新

当前,AIGC 正迅速成为推动多个学科和行业之间融合与创新的关键力量。随着 AIGC 相关技术的不断进步,AIGC 已经表现出了它在促进不同领域知识和技能交汇、整合方面的巨大潜力。AIGC 不仅仅是一个单一的技术或工具,它代表了一系列的技术、方法和理念的融合。

通过这些技术的应用,AIGC 正在打破传统学科之间的边界,使得不同行业领域的专业人士都能够以前所未有的方式合作。这种跨学科的合作不仅促进了新知识的创造,还加速了新产品、服务和解决方案的开发,这些新的成果往往具有更高的创新性和实用性。

在医疗领域,AIGC 可以帮助研究人员分析大量的患者数据,从

而发现新的疾病模式和治疗方法。在金融行业,它可以用来预测市场趋势,提供个性化的投资建议。此外,AIGC还能推动创意产业的发展,如音乐、文学和艺术等领域。艺术家和创作者可以利用这些技术来扩展他们的创造力,创作出新颖独特的作品。同时,这些技术也使得个性化内容的生成变得更加高效和经济,满足了消费者对定制化产品的需求。

AIGC作为一个强大的技术推动者,正在引领一场跨学科、跨行业的融合创新浪潮。它不仅为各个领域带来了新的发展机遇,也为社会整体的进步提供了强大的动力。未来还将出现更多创新的融合,这些融合将为人们的生活方式、工作方式乃至思考方式带来深远的影响。

四、为数字时代社会治理的数据分析和决策支持提供新的视角

数字化高速发展的今天,社会治理的模式和手段正经历着深刻的变革。传统的决策过程更多地依赖经验和直觉,而在大数据和智能技术的推动下,数据分析已经成为社会智治的关键基础。而对海量数据的深入挖掘和精确分析,是揭示社会现象背后的规律和趋势,为社会智理提供科学决策的关键支撑。

AIGC所蕴含的数据分析与决策理念,特别是基于数据驱动的决策模式与理念,不仅可以提升预测和应对可能出现的社会问题的准确率,还为社会治理效能提升提供了关键思路。科学高效的数据分析在社会治理的多个领域发挥着重要作用,如教育、环境保护、公共安全等,通过对数据的深入分析,可以帮助决策者更好地理解社会需求,优化资源配置,提升公共服务的质量。

AIGC蕴含的数据分析理念和技术为数字时代的社会治理提供了全新的视角和方法。它不仅能够帮助决策者更加科学地制定政策,还能提高社会治理的整体水平,进一步促进社会的和谐和稳定发展。

五、AIGC 将为个体的数字化生存提供新的场景

AIGC 正在成为推动个人数字化生活方式革新的重要力量,并为个人的数字化生活开辟前所未有的新场景。这些场景不仅仅是虚拟世界的扩展,更是现实生活中的有机补充,使得个人能够在数字空间中以更加丰富和多元的方式存在和表达。

AIGC 技术的发展,也将极大地拓展个人的能力边界。通过智能化的工具和平台,个人可以更高效地获取信息、学习新知识、提升技能,从而在职业发展和个人成长的道路上走得更远。这种能力的提升不仅限于传统的知识和技能领域,还包括创造力、决策力等更为抽象的能力,使得个人在面对复杂问题和挑战时,能够更加从容和有效地应对。

此外,AIGC 技术的普及和应用,还将为整个社会的创新氛围注入新的活力。当个人能够更加自由地探索和创造时,社会的创新潜能也随之被激发。AIGC 技术将催生越来越多的跨界合作,推动知识的共享,加速创新成果的产生,从而形成一个更加开放、包容和充满活力的社会创新环境。AIGC 技术也将为个人在数字化时代的生活提供全新的舞台,不仅拓宽了个人能力的范围,也为社会的整体创新和发展提供了坚实的支撑。

六、AIGC 将进一步突破各种边界,助力人类文明创新形态的成果共享,开启全球创新的新图景

AIGC 正在以其独有的方式推动着全球文明的进步。随着技术的不断发展和完善,AIGC 正在逐步打破传统的时空限制、国家界限以及文化差异,为全球人类带来前所未有的共享体验。通过这一技术,人们能够跨越物理距离和地理障碍,实现思想和创意的即时交流与分享。

AIGC 的发展不仅仅是技术层面的突破,它更是一种全新的文明创新形态。在这一形态下,全球人类可以共同参与到一个多元、开放、

互联的创新网络中,无论是在科学研究、艺术创作还是文化交流等领域,都能够实现知识和智慧的深度融合与广泛传播。这种跨界合作和知识共享的模式,将极大地促进人类社会的共同进步和发展。

随着 AIGC 技术的普及和应用,我们正在迎来一个全新的全球创新图景。在这个图景中,不再有地域的限制,不再有文化的隔阂,全球人类的智慧和创造力得以自由流动和汇聚,共同塑造出一个更加丰富多彩的世界。这不仅是人类文明的一次巨大飞跃,也是对全球创新生态的一次深刻重塑。

总之,AIGC 技术的发展,将为全球人类带来更加紧密的联系、更加广泛的交流,以及更加深入的合作。它将帮助人们打破各种边界,让全球的智慧和创新成果得以共享,从而开启一个全球创新的新纪元。

第二节　AIGC 潜在的技术伦理与应用风险

从人工智能诞生之初起,关于这项技术的伦理问题就始终处于科学家们的视野范围。因为人工智能在实际应用中所产生的伦理问题,是人类必须面对的问题。特别是随着技术的智能化水平的飞速提升和在日常生活领域的广泛嵌入,正如麻省理工教授罗莎琳德·皮卡德(Rosalind Picard)指出的,机器的自由化程度越高,就越需要道德标准。[1] 对技术伦理问题的无视或是漠视,都必将为人类社会带来严重的甚至不可估量的后果。

AIGC 的发展开启了人类精神生产的新方式,丰富了人类文明的内容与形态,但技术上的进步并非一切,技术的进步需要有完善的道德伦理体系予以支撑,人机和谐的文明发展必须建立在相应的伦理道

---

① Picard R W. Affective Computing[M]. Cambridge:MIT Press,1977.

德体系基础之上，对潜在技术伦理和风险的防范与规避也应当成为
AIGC 发展过程中必须思考和面对的问题。

一、由于数据样本的局限性，导致系统出现偏见和信息错误

用于训练 AI 模型的数据，可能不同程度地缺乏多样性，常见的包括人口偏差、内容偏差、历史偏见、技术偏差等。当数据集偏向某个特定的人口群体而无法准确代表人口的多样性时，就会发生人口偏差，比如语言模型是根据来自特定地区或国家的文本进行训练的，它可能无法理解和生成其他地区语言的微妙性。当数据集偏向某些类型的内容或者主题而难以响应其他主题或类型时，可能会出现内容偏差，比如通过新闻类文章训练的语言模型难以产生创造性或想象力的回答。历史偏见是指数据集反映历史偏见和成见，比如包含种族主义或性别歧视的历史文献训练出的语言模型，可能会固化这些历史性的偏见。如果数据集偏向某些技术或计算方法，无法使用其他算法生成响应，可能会形成技术偏差。这些都会形成一种系统性偏见。

如果用于训练 AI 模型的数据集不够多样化，那么用它生成的语言模型可能无法准确代表不同人群的经验和观点，这样人工智能生成的内容就可能出现偏差、不准确的问题，即使数据规模再大，也不能保证其多样性。研究表明，在线数据带有先天性的缺陷：例如互联网数据本身就存在年龄、性别、来源等的不平衡问题；互联网数据中年轻用户和发达国家用户的比例过高等。

现实应用中，智能生成的偏见问题已经带来了显性的影响。《连线》曾报道过由于训练数据缺乏多样性，Google 照片图像识别系统将黑人照片标记为"大猩猩"。①

---

① 详见 When It Comes to Gorillas，Google Photos Remains Blind，http://gfffg27ce0cb154434cfbsk6xvuuuccp6o660k. fcgy. zjsru. cwkeji. cn:8081/story/when-it-com es-to-gorillas-google-photos-remains-blind/。

二、数据安全问题引发的隐私泄漏风险

在 AIGC 应用的场景中,数据安全始终是不容回避的关键问题。而在数据安全的相关问题中,最高发的问题是用户数据的泄露问题。如何从源头确保数据的安全,并在数据使用和传播的整个过程中有效规避用户数据泄露的风险,成为 AIGC 发展过程中需要首先考虑的问题之一。

(一)数据中的用户个人隐私存在泄漏风险

在使用 AIGC 进行内容生成的过程中,AI 大模型的训练数据主要来源于互联网,其中就包含大量的用户个人数据与信息,其中不可避免地也包含与用户个人隐私相关的数据。在数据处理和交互的过程中,对数据未加区分或者数据使用不当极易造成数据泄露和隐私泄露的风险。一方面,AIGC 系统为了提供精准的服务,往往需要收集用户的个人信息,如位置数据、购买习惯、搜索历史等。这些信息在未经加密和匿名处理的情况下,就有可能会被不当访问或滥用,导致用户的隐私被泄露。如果一个 AIGC 平台遭受黑客攻击,那么存储在其中的大量用户数据可能会落入不法分子之手,造成严重的后果。另一方面,AIGC 应用在分析和处理用户数据时,也会产生新的数据集,这些数据集可能包含可以追溯到个人身份的信息。即使在去标识化处理后,通过数据重识别技术,也有可能重新建立个人的身份信息,从而造成隐私泄露。

(二)数据开发和应用不当引发安全风险

AIGC 应用在设计和开发过程中可能存在的安全漏洞也是一个不容忽视的问题。诸如软件缺陷、算法缺陷或者不安全的默认设置都有可能导致用户数据的泄露。因此,开发者和服务提供商需要采取更

加严格的安全措施,确保数据处理过程的安全性和透明度。

从用户角度来看,在 AIGC 使用的过程中,由于用户个人素养的差异,用户恶意使用 AIGC 造成的数据安全问题也时有发生,如为了谋取相关利益,未经本人许可,借助 AIGC 盗用他人名义、形象等生成文本、图片、音频、视频等造成的侵权行为,不仅给当事人造成了名誉、精神和经济损失,也在传播过程中造成了不良影响。

(三)非法获取以及恶意滥用引发数据安全问题

随着 AIGC 应用场景的不断丰富,数据的资源性价值不断凸显,非法获取和恶意滥用数据的行为也日益猖獗,给个人隐私、企业机密以及国家安全带来了严重的威胁。这些行为不仅触碰了法律的底线,更是对数据安全构成了巨大的挑战。

非法获取数据通常涉及黑客攻击、内部人员泄露、钓鱼网站诱导等多种手段。这些行为者往往利用技术漏洞或者社会工程学的方法,窃取用户的个人信息、企业的商业机密甚至是国家的敏感数据。一旦数据被非法获取,就可能被用于不正当的目的,比如身份盗窃、勒索、商业间谍活动等,给受害者和国家带来无法估量的损失。

而恶意滥用数据则是指得到数据后,违背数据所有者的意愿和法律规定,对数据进行不当使用。这包括但不限于未经授权的数据共享、发布或销售,以及对数据的篡改、破坏等行为。恶意滥用数据不仅侵犯了个人和组织的权益,也可能导致数据的不准确性,影响决策的正确性,甚至引发更大规模的安全问题。

面对非法获取和恶意滥用数据带来的数据安全问题,社会各界需要共同努力,加强法律法规的建设和执行,增强公众的数据安全意识,也需要发展更为先进的数据保护技术,构建一个更加安全、可靠的数据环境。只有这样,我们才能有效地保护数据不被非法获取和恶意滥用,确保数据安全,维护个人、企业和国家的利益。

AIGC 应用中存在的数据安全问题不仅威胁到用户的隐私保护,

也可能对企业的声誉和法律责任造成影响。因此,加强数据安全管理,增强隐私保护意识,采用先进的加密技术和严格的数据访问控制机制,对于降低隐私泄露风险至关重要。同时,用户也应增强自我保护意识,谨慎分享个人信息,共同构建一个安全、可信的 AIGC 应用环境。

三、AIGC 应用场景中算法伦理问题日益凸显

目前 AIGC 技术已经被广泛应用于各种场景,如电商、传媒、金融、文学创作、艺术设计等。然而,在这些应用的背后,算法伦理中的问题也日益暴露出来,引起了业界和学界的广泛关注。

(一)数据偏见问题

AIGC 系统通常需要大量的数据来训练,这些数据可能包含潜在的偏见和歧视,从而导致生成的内容反映出这些不公平的倾向。如果训练数据中某些群体被负面描绘,那么生成的内容可能会无意中传播这些负面形象。如 2015 年 6 月,Google 照片应用的算法将黑人分类为"大猩猩"。有研究人员对由人工智能公司 OpenAI 开发的聊天机器人 ChatGPT 前身 GPT-2 进行测试后发现,GPT-2 有 70.59% 的概率将教师预测为男性,将医生预测为男性的概率则是 64.03%。除了会重男轻女,它还会"爱白欺黑"(种族歧视),如 AI 图像识别总把在厨房的人识别为女性,哪怕对方是男性。

(二)透明度和可解释性问题

AIGC 系统的工作原理往往是黑箱化的,即使是开发者也未必完全理解算法的决策依据。这种缺乏透明度和可解释性使得用户难以信任系统的决策,并可能导致不公正或不道德的结果。

首先是透明度问题。这主要指 AIGC 系统的工作原理和决策过

程对用户和监管机构来说往往是不透明的。由于这些系统通常是基于复杂的机器学习模型,其内部运作细节很难被外部理解。这种缺乏透明度可能导致用户对系统的信任度降低,因为无法清楚地了解系统是如何生成内容的,也无法确保生成的内容没有偏见或不公正。

其次是可解释性问题。这涉及 AIGC 系统生成内容的原因和逻辑的解释能力。即使一个 AIGC 系统能够生成高质量的内容,如果无法解释其生成特定内容的原因,那么这个系统在实际应用中可能会受到限制。例如,如果一个图片生成系统无法解释为什么它会选择一个特定的主题或风格来呈现,那么它的可信度就会受到质疑。

为了解决这些问题,研究人员和开发者正在努力提高 AIGC 系统的透明度和可解释性。这包括开发新的算法和技术来揭示机器学习模型的决策过程,以及创建更加友好的用户界面来帮助用户理解系统的输出。此外,业界也投入一定的精力将研究集中在制定标准和框架方面,以确保 AIGC 系统的透明度和可解释性符合道德和法律要求。相信未来的 AIGC 系统不仅能够生成高质量的内容,而且能够以一种更加透明和可解释的方式处理,从而增强用户和社会对这些系统的信任。

(三)数据开源的风险

开源项目的发展为 AIGC 创新提供了源源不竭的动力、资源和灵感,然而由于 AIGC 项目对生成的数据监管程度较低,数据集系统利用私人数据进行 AI 训练,侵权问题时有发生,这些问题对参与者的隐私、知识产权以及整个社区的信任度都会造成一定的负面影响。

1. 数据隐私是一个主要的风险点

在开源 AIGC 项目中,大量的个人和企业数据被用于训练模型,这可能包括敏感信息。如果数据管理不当,可能会导致数据泄露,从而侵犯用户的隐私权。因此,确保数据匿名化和加密是至关重要的,同时还需要制定严格的数据访问和处理政策。

2.知识产权的保护也是一个挑战

在开源环境中,内容的创作和分发通常是开放的,但这也可能导致原创内容的滥用或未经授权的复制。为了保护创作者和贡献者的权益,开源 AIGC 项目需要明确版权归属,建立合理的许可协议,并采取措施防止知识产权的侵犯。

3.数据质量和准确性也是开源 AIGC 项目需要关注的问题

由于数据来源的开放性,误导性或低质量的信息可能会出现。这要求项目管理者实施有效的数据审核和验证机制,确保数据集的可靠性和有效性。

随着技术的发展,开源 AIGC 项目可能会面临新的法律和伦理挑战。例如,生成的内容可能涉及偏见和歧视问题,或者可能被用于不道德的目的。因此,项目需要不断更新其政策和指导原则,以适应不断变化的法律环境和伦理标准。

为了应对这些算法伦理带来的挑战,研究者、开发者和政策制定者需要共同努力,确保 AIGC 技术的发展能够在尊重人权、促进公平和保护隐私的前提下进行。这包括建立相应的伦理准则、加强算法的透明度和可解释性,以及制定合理的法律法规来规范 AIGC 技术的应用。通过这些措施,可以确保 AIGC 技术在为人类社会带来便利和创新的同时,也能够维护社会的公正和伦理标准。例如 2023 年 6 月,欧盟通过《人工智能法案》,对 ChatGPT 等生成式人工智能提出透明度要求;2023 年 7 月,我国国家网信办等七部门联合发布《生成式人工智能服务管理暂行办法》,要求在鼓励创新的同时完善监管机制。

三、AIGC 版权保护成为当前 AI 治理的关键议题

"AIGC 版权保护"这一议题,在当前的人工智能治理领域中,无疑是最受关注和讨论的热点之一。随着人工智能技术的迅猛发展,

AIGC 的创作和应用日益普及,覆盖了多个产业。然而,AIGC 内容的版权归属问题却成了一个复杂而敏感的问题。

2022 年 2 月,在全球首例 AI 绘图版权纠纷案中,美国法院判定使用 Midjourney 制作的漫画书插图不应获得版权保护。2023 年 3 月,美国版权局发布关于人工智能有关的版权认定和登记指引政策声明,规定仅由人工智能生成的作品不受版权保护,含人工智能生成内容的作品根据情况给予登记。

在这个背景下,AIGC 版权保护成了一个亟待解决的议题。这不仅事关创作者和使用者的权益,更关系到整个 AIGC 相关领域的健康发展。如果版权问题不能得到妥善解决,可能会引发一系列的法律纠纷,甚至可能阻碍 AIGC 的发展。

2023 年 11 月,北京互联网法院针对 AI 生成图片著作权侵权纠纷做出全国首例判决,更是引起海内外媒体的高度关注。判决认为,该案中人们利用 AI 模型生成图片时,本质上仍是人利用工具进行创作,享有涉案图片的著作权,受到著作权法保护。这意味着我国司法层面认可了 AI 作品的可版权性,法院用发展的眼光认可了 AI 生成图片的作品属性与使用者的作者身份。

为了规范保护 AIGC 的版权,需要采取一系列综合性措施,如明确版权归属、加强版权教育、制定行业标准、提升技术手段、出台相关法规等,确保创作者、用户以及相关利益方的合法权益得到妥善维护。

四、AIGC 发展中潜在风险的规避

AIGC 的快速发展过程中,需要社会各方积极面对并化解一系列技术、伦理以及相关的风险问题。

首先,从技术角度来看,AIGC 的发展需要人们不断提升和完善相关技术,包括但不限于算法优化、数据处理能力提升等,以保证其生成的内容质量,如稳定性和准确性。同时,也需要关注 AIGC 可能带

来的数据安全和隐私保护问题,例如,如何确保用户数据的安全、防止数据泄露等。

其次,从伦理角度来看,AIGC 的发展也引发了一系列的伦理问题,如 AIGC 生成的内容是否应该受到道德和法律的约束,AIGC 是否有可能被用于制造虚假信息,以及 AIGC 是否会侵犯创作者的知识产权等。因此,需要相关部门建立完善的伦理规范和法律法规,以规范 AIGC 的使用和发展。

最后,从风险角度来看,AIGC 的发展可能会带来一些未知的风险。如 AIGC 可能会被恶意利用,如用于制造虚假信息,或者用于进行网络攻击等。因此,我们需要建立一套有效的风险预警和应对机制,以防止这些风险的发生。

总的来说,规避 AIGC 发展中存在的技术、伦理及相关风险,需要社会多方从多个角度进行考量和配合,包括技术提升、伦理规范建立以及风险预警等,以确保 AIGC 的健康、安全和可持续发展。

第三节 AIGC 的发展前景展望

AIGC 已经成为人工智能领域最热门的话题之一。在经过 2022 年的预热、2023 年的发展之后,让人们对 AIGC 产生了更多的期待,AIGC 也以惊人的加速度朝着智能化、自适应、更高效、更安全的方向迈进。据艾媒咨询数据,2023 年中国 AIGC 行业核心市场规模为 79.3 亿元,2028 年将达 2767.4 亿元。未来 AIGC 将更加注重现实场景的应用落地,满足不断变化的市场需求与用户个体需求,为社会各领域的数字化转型与创新发展提供动能,为美好生活的实现提供更多的助力与赋能。

一、AIGC 将为推动新一轮的技术变革提供关键动能

(一)加速人工智能的实现

透过 AIGC 带给世界的变革,我们似乎已经可以想象未来一个由 AI 作为催化剂催动人类智慧和创造力爆发的时代。届时所有的人都可以借助 AI 获得认知和能力方面的提升,人工智能也将在人类的和谐共生中获得进一步的智能提升。

近年来,人工智能在自然语言处理、视觉识别、文本生成、图片生成、视频生成等领域取得了飞速的发展,但这仅仅是个开始。未来,人工智能还将朝着人类智能的方向不断进化,这就意味着只能适应特定领域的"弱人工智能"终将被更具通用性的"强人工智能"所取代,并成为人工智能领域进化的重要方向。

弱人工智能,也被称为窄人工智能,通常指不能制造出真正地推理和解决问题的智能机器或系统,这些机器和系统看似智能,实则并不真正拥有智能,更不具备独立意识。因此,弱人工智能只能在人类设计的程序范围内决策,虽然针对问题时表现出超强的解决能力,甚至在某些方面超过人类,但一旦超出了预先设计的程序范围,弱人工智能就会因缺乏广泛的理解和适应能力而无法应对。

相对于弱人工智能,强人工智能也被称为通用人工智能(AGI),英文全称为 Aritificial General Intelligence,是指能够理解、学习和应用知识的智能系统,具备与人类同等智慧或超越人类智慧的人工智能,可以表现出正常人类所有的智能行为,能够在多个领域内进行复杂决策和问题解决。

强人工智能被认为是有知觉、有自我意识的,可以独立思考问题并制定解决问题的最优方案,和生物类似,也有自己的价值观和世界观体系。因此,能在设计范围外自主决策,很好地应对各种状况。强

人工智能由于具有通用性,不再局限于某一特定领域,可以被应用于人类社会的各个场景,其表现和行为都可以和人类相差无几。

AIGC 作为人工智能发展的一个重要分支,它所涉及的机器学习、自然语言处理、计算机视觉等多个子领域都将在细节方面助力人工智能技术的迭代和进化。目前的自然语言处理、深度学习以及大语言模型的建构,都已经显现出了 AGI 的影子。并且随着智能对话、多模态转化等技术的不断成熟,AIGC 将进一步推动跨学科的合作、创新算法的开发,以及大规模数据处理能力的提升,为跨模态感知、多任务协作、感情理解等关键技术的突破提供支持。

AIGC 的角色不仅是推动技术进步,更是引领人工智能向着更加智能化、自主化和人性化的方向发展,成为构建智能社会的关键动能。随着强人工智能的实现,人类社会也将迎来一个智能化程度更高的未来,其中机器不仅能够执行简单的任务,还能够进行创造性思维、情感交流和复杂决策。这将极大地提高生产力,改善人类生活质量,并可能在医疗、教育、交通等多个领域带来革命性的变化。

(二)全方位助力人工智能技术的整体进化

AIGC 在人工智能技术的整体中扮演着至关重要的角色,并且具有不可忽视的价值。它涉及机器学习、自然语言处理、计算机视觉等多个子领域的技术升级,并将在实际应用中展现出巨大的潜力。

第一,AIGC 将在推动人工智能技术的创新方面发挥重要作用。通过自动化生成内容,AIGC 不仅能够帮助研究人员和开发者测试、开发、验证新的算法和模型,还能够借此促进新观点的创生。例如,在自然语言处理领域,AIGC 可以用来生成大量合成数据,这些数据既可以有效缓解大模型训练的数据短板问题,也可以为更复杂的语言模型训练提供基础,提高机器理解和生成人类语言的能力。

第二,AIGC 在提高人工智能系统的可访问性和普及度方面具有重要价值。通过生成式人工智能技术赋能高质量内容,不仅降低了内容生成的专业门槛,普通用户无须深入了解复杂的技术细节,也能够轻松地与系统实现交互,让不具备专业技能和视角的普通人也能参与到内容创作的具体过程中,通过海量创作主体的参与,大幅提升了内容生成的多元化和个性化。而 AIGC 的易用性,在真正意义上推动了人工智能技术的普及,从而推动了整个行业的发展。

第三,AIGC 在促进个性化服务和内容推荐方面也显示出了巨大的潜力。通过对用户行为的分析和学习,AIGC 能够生成定制化的内容,满足用户的个性化需求。这种能力不仅提高了用户体验,还为企业提供了新的商业机会,比如在广告、媒体和娱乐行业中提供高度个性化的产品。此外,AIGC 在教育和培训领域的应用也不容忽视。它可以生成各种教学材料和模拟场景,帮助学生和专业人士提升技能和增长知识。这种自适应学习工具的发展,不仅提高了教育效率,还为个人职业发展提供了强有力的支持。

综上所述,AIGC 在人工智能领域的进化中不仅推动了技术创新,还提高了人工智能的可访问性,促进了个性化服务的发展。随着技术的不断成熟,可以预见,AIGC 将继续在人工智能的未来发展中扮演着越来越重要的角色。

二、探索前沿技术创新领域,加速持续创新步伐

(一)持续推进自动化水平提升

自动化作为一个概念最早是在 20 世纪 40 年代中期由美国汽车行业提出,表示机器之间的自动运转,以及机器的连续处理。后来随着计算机和控制系统技术的发展,这个概念范围逐渐扩展到其他产业领域。目前学界形成共识性的定义是,自动化通常是指在少人或无人参与的情况下,利用专用设备或装置按照预定操作流程执行和控制制造过程。完全意义上的自动化是利用各种装置、传感器、执行器、自动

化技术和配件来实现的,这些设备能够监测制造过程,并针对运行中的必要更改做出决策,控制运行的各个方面。[①]

传统的自动化定义由于产业面向度较广,无法概括出 AIGC 自动化发展的具体特征。本书认为在传统定义基础上,对于 AIGC 的自动化更加强调的是信息处理和内容创新的自动化,即设备、系统或生成过程在较少人为干预或参与的前提下,能够按照人的要求,进行自动检测、信息筛选、信息处理、分析识别、判断预测、操纵控制等,来实现最终的内容创新目标。

自动化水平的提升,能够使 AIGC 技术更加便捷和高效,从而为更多行业提供更好的服务和更优的解决方案。如在教育领域,AIGC 可以为用户提供更具个性化的学习内容,并根据用户的互动与反馈,自动调整学习资料的内容、教学的重难点、教学策略与教学方式,从而取得更好的教学效果。在新闻传播领域,AIGC 可以通过自动化的内容生产机制,极大提升新闻生产和传播的效率,同时还可以通过自动化水平的提升,极大提升了新闻信息的融媒体形态创新,提升了用户新闻信息获取的多元体验需求;随着 AIGC 自动化水平的更进一步提升,还可以通过降低内容生成的技术门槛,进一步提高用户在内容生成与传播过程中的参与度,通过与用户的积极互动,提升新闻信息的丰富度与传播效果的可及性。

(二)加速推进可解释性 AI 的发展

可解释性 AI 作为提升 AI 理解能力和决策能力的重要技术,可以帮助 AIGC 成为更具理解力、人性化、可信赖的技术和应用。可解释性 AI 可以有效提升 AI 系统的公正性、可靠性及安全性,目前已经成为 AIGC 领域的一个重点研究方向。通过探索各种可解释性 AI 技

[①] 古普塔,阿罗拉,韦斯科特.工业自动化与机器人技术[M].伊枭剑,穆慧娜,陈悦峰,译.北京:机械工业出版社,2021:1.

术,包括可视化、交互式解释和生成式模型,可以提高 AI 系统的可理解性,加速提升 AIGC 的实用性,让 AIGC 满足更多社会化场景应用的需求。

(三)发展边缘计算赋能 AIGC

边缘计算作为计算机领域一种专业的计算模式,代表了一种分布式的计算思维,可以实现计算和数据处理能力从传统的计算中心移动到网络边缘。边缘计算可以有效降低能源消耗,加快数据处理的速度,缩短决策生成的时间,从而提升系统的响应速度,以提高效率。因此,边缘计算的引入可以有效降低 AIGC 内容生成过程中的能源消耗和传输成本,提高数据的稳定性,确保数据的隐私性,这对于 AIGC 来说尤其重要。二者的结合必将为更高效、更智能、更安全的内容生成与传播提供保障。

(四)结合量子计算提升核心算力

量子计算是一种基于量子力学原理的计算模型,主要是通过利用量子位的叠加和纠缠特性来实现信息处理和计算。AIGC 与量子计算结合,可以实现算力的指数级提升。利用量子计算快速计算大规模矩阵,完成向量运算,可以有效提升模型的训练深度、学习的速度和精度。在量子模拟方面,还可以提供更加准确地分析与预测。因此,量子计算与 AIGC 的结合可以广泛应用于数字金融、数字政务、智慧医疗等场景,提升上述领域的数字化水平与智能化水平。目前量子计算技术尚处于初级发展阶段,后期随着该技术的不断成熟,必将为 AIGC 的发展提供重要的动能。

(五)持续推进深度学习迭代,提升 AIGC 产出

AI 深度学习技术的不断演进是 AIGC 发展的重要驱动力。在内容生产领域,AIGC 所依托的深度学习可以划分为基于规则的前深度

学习阶段、基于深度神经网络的深度学习阶段和基于大模型和多模态的超级深度学习阶段。随着人工智能技术进入快速迭代期,深度学习的升级及突破成为AIGC实现跃升的关键。深度学习作为一种模拟人脑处理信息的机器学习方法,已经在语音识别、图像识别、自然语言处理等多个领域取得了显著的成就。然而,随着应用需求的不断增长和技术挑战的不断涌现,需要持续对深度学习模型进行优化和创新,以保持其性能的先进性与稳定性。同时注意推动深度学习框架和模型的开源共享,鼓励全球研究者和开发者共同参与模型的迭代升级,加速技术进步和应用创新,推动并构建开源共享的良好氛围。

(1)持续推进算法优化。持续研究和开发效率更高、准确度更高的深度学习算法,是提高模型的学习能力和泛化能力的关键。这需要改进现有的神经网络结构,如卷积神经网络(CNN)、循环神经网络(RNN)和变压器(Transformer),以及探索新的网络架构和训练技术。

(2)保证作为技术核心支撑的数据质量。对数据采集、清洗、标注等环节进行持续优化,同时采用更高效的数据增强方法来扩充数据集。以保证训练数据的质量和多样性,确保模型的稳定性和多场景的适应性。

(3)有效拓展计算资源。加大对强大计算资源的投资力度,如高性能GPU和TPU,以支持更大规模的模型训练和更快的训练速度。同时,研究更节能的计算方法和硬件设计,以降低深度学习的环境成本。

(4)积极推动跨学科合作。鼓励不同领域的专家共同研究,将深度学习与其他学科如认知科学、神经科学、计算机视觉等相结合,以获得新的灵感和突破。

AIGC技术正逐渐成为产业创新的重要工具,随着深度学习技术的不断进步,AIGC系统将能够更准确地理解用户需求,生成更具创意和个性化的内容,为用户提供更加丰富和便捷的服务。持续推进深度学习迭代,不仅能够提升AIGC产出的质量,还能够推动整个人工智能领域的发展,为人类社会带来更多的便利和价值。

三、为元宇宙的落地提供最有力的支撑

元宇宙的英文为"Metaverse",由 Meta 和 Verse 组成,其中 Meta 在希腊语中表示"对……超出",Verse 代表宇宙(universe),两个词语组合在一起意为"超越现实宇宙的另一个宇宙"。该词最早出现在作家尼尔·斯蒂芬森(Neal Stephenson)于 1992 年出版的科幻小说《雪崩》中。在小说当中,人类通过"avatar"(数字替身)生活在一个虚拟的三维人造空间中,这个空间就是元宇宙。元宇宙脱胎于现实世界,又与现实世界平行。学界对元宇宙还没有统一清晰的定义。清华大学新闻与传播学院新媒体研究中心发布的《2020—2021 年元宇宙发展研究报告》中基于技术组成,将元宇宙定义为人工智能、VR/AR/MR、区块链、通信技术、云计算、大数据、数字孪生等技术的规模化统合,是对多种新兴技术的统摄性想象。因此,从技术的角度来看,元宇宙是利用科技手段进行链接和创造的,是现实世界的数字映射并与现实世界存在可交互性的数字空间形态。

元宇宙作为一个虚拟的、基于区块链的多人在线世界,具有虚拟性、强互动性,强的数字世界用户可以在其中创建多元数字身份,拥有虚拟资产,以在其中进行社交、学习、娱乐、商业等活动。AIGC 作为元宇宙发展的加速器,将从数字内容生产的角度给予元宇宙所代表的新型数字生态建设提供最强有力的支撑。元宇宙中所包含的大量场景,如特效、虚拟数字人、NPC 等,都可以通过 AIGC 以最低的成本快速生成,同时 AIGC 还可以有效增加场景的丰富度、个性化、互动性,帮助元宇宙打造更具沉浸式、互动性、体验感的效果,为用户带来更加丰富、逼真的体验和感受。最后,AIGC 还可以帮助元宇宙更好地实现跨领域、跨平台的整合,推动元宇宙的广泛应用。根据赛迪研究院最新发布的《元宇宙产业链生态发展白皮书(2023 年)》预测,到 2025

年,中国将形成近万亿元的元宇宙产业规模。而在元宇宙产业链基础设施方面,AIGC 将成为当下及未来 AI 发展最为重要的趋势。AIGC 拥有一系列独特的优势,可以在多个层面为元宇宙的实现和落地提供强有力的支持。

(一)AIGC 内容创造方面高效产出使其成为助力元宇宙落地的重要基础

通过人工智能算法,AIGC 能够快速生成大量多样化的内容,这对于构建一个内容丰富、多元化的元宇宙环境至关重要。

相较于传统的内容生成方式,AIGC 利用机器学习和深度学习算法,在对大量数据的训练和分析的基础上,可以自动生成富于创意和个性的内容。这种自动化的创作过程大大提高了内容生成的速度,可以满足限时内容的产出,并且能够保持内容质量的稳定性。

同时 AIGC 强大的自然语言处理能力,可以实现对人类语言的语义和语法结构的准确理解和分析。这使得 AIGC 的操作更简单,并能在互动中根据给定的主题或关键词,生成符合语法规则和逻辑结构的内容,有效缩短内容生成时间。

此外,AIGC 还能够根据用户的反馈和需求进行学习和优化。通过不断地接收用户的评价和指导,改进创作的能力和风格,使内容更符合目标定位和要求。AIGC 作为内容创作领域的有力工具,为创作者提供了更高效、便捷的创作方式,也为元宇宙所需的内容创生提供了基础保障。

(二)AIGC 可以有效弥合元宇宙中现实世界同虚拟世界之间的边界感,带给人们完全的沉浸式"宇宙"探索体验

AIGC 技术在弥合元宇宙中现实世界与虚拟世界之间的边界感方面发挥着至关重要的作用。元宇宙是一个融合了虚拟现实(VR)、增强现实(AR)、3D 虚拟世界和社交网络功能的综合数字空间,它旨

在创造一个沉浸式的、持续存在的在线环境,让用户能够以数字化的身份在其中互动、工作、娱乐和生活。

首先,在环境建构方面,AIGC 可以创造出高度逼真的数字内容,包括图像、视频、音频和文本等,来模仿现实世界中的物体和场景,使用户在元宇宙中的体验与现实世界的体验相差无几。同时,利用机器学习和数据分析,AIGC 可以根据用户的偏好和行为模式定制个性化的虚拟环境和互动,增加用户沉浸感。

其次,在互动感受方面,特别是 AIGC 还支持实时的内容生成和响应,可以让用户随时与虚拟环境中的元素互动,就像他们在现实世界中的互动一样。这种互动减少了延迟的实时交互性,极大提高了用户的参与度。更重要的是,AIGC 技术可以模拟人类的社交行为,创建虚拟角色和代理人,这些角色和代理人可以在元宇宙中与其他用户进行交流和互动。这种社交互动使得虚拟世界中的关系和连接感觉更加真实。

最后,在社会融入方面,通过使用区块链技术,AIGC 可以帮助建立一个去中心化的经济系统,在这个系统中,用户可以购买、出售和交易虚拟资产。这种经济活动的整合使得元宇宙不仅仅是一个娱乐空间,也是一个可以进行真实经济活动的地方。

AIGC 技术还可以与各种设备和平台无缝集成,包括智能手机、电脑、头戴式显示器等。这种无缝集成确保用户可以随时随地访问元宇宙,不受物理位置的限制。

总之,AIGC 技术通过提供高度逼真的内容、个性化体验、实时交互性、无缝集成、社交互动和经济整合,有效地弥合了元宇宙中现实世界与虚拟世界之间的边界感,为用户创造了一个连续的、沉浸式的数字生活空间。随着 AIGC 技术的不断进步和发展,未来元宇宙将有望成为一个与现实世界并行的、充满活力和创造力的虚拟世界。

(三)AIGC 在个性化内容的生成上所具有的无可比拟的优势和潜力,将为元宇宙提供更多充满创意的场景和布局

AIGC 技术在个性化内容的创造领域展现出了卓越的实力,其能力之强大,至今难以找到任何技术能够与之匹敌。AIGC 核心优势在于其能够根据用户的独特需求和偏好,生成高度定制化的内容,从而满足不同用户的个性化需求。随着元宇宙这一概念的兴起,AIGC 的重要性愈发凸显。

元宇宙是一个虚拟的、由数字孪生和虚拟现实构成的广阔空间,它包含了无数的虚拟场景和互动体验。在这样的背景下,AIGC 不仅能够为元宇宙中的每一个场景提供丰富、多样化的内容,还能有效确保这些内容与用户个人兴趣和行为模式的高度匹配,从而使用户获得更加真实、沉浸及个性化的体验和感受。

通过 AIGC 技术,元宇宙的场景构建将不再被束缚于传统内容生产模式中的时空限制中,而是能够实时、实地、动态地调整、适应用户需求的变化。这意味着,无论是游戏世界、社交平台还是教育培训等诸多元宇宙场景,都能够通过 AIGC 技术得到丰富、拓展和深化,为用户提供前所未有的多元化体验。

同时,AIGC 技术还将促进人的多元、全方位融入元宇宙。一方面,AIGC 会根据用户的行为、偏好和历史数据,定制个性化的内容和体验,从而在元宇宙中为用户提供更加贴合个人需求的服务。另一方面,用户也不再仅仅是被动的内容消费者,而是可以通过 AIGC 技术成为内容的创造者。他们可以根据自己的喜好和创造力,定制个性化的虚拟环境和角色,甚至创造出全新的虚拟体验,与他人分享。这种参与感和创造性的提升,将进一步加深用户对元宇宙的投入和归属感。

总之,AIGC 技术在个性化内容的生成上具有无可比拟的能力,它将为元宇宙的丰富场景构建和人的多元、全方位融入提供坚实的技

术支持,推动元宇宙向着更加个性化、互动化和创新化的方向发展。

(四)AIGC 在互动性和适应性方面的独特优势,将为用户更加自然融入元宇宙提供保障

AIGC 在提升互动性和适应性方面展现出了显著的优势,这一点恰好迎合了数字时代社会互动的基本特征。通过先进的算法和机器学习机制,AIGC 不仅能够快速地对用户的输入作出反应,还能够根据用户的行为和偏好实时调整其生成的内容。这种能力使得 AIGC 在构建元宇宙这一虚拟空间时能够创造出一个更加具有活力和逼真的环境。

在元宇宙中,AIGC 的应用可以极大地增强用户与虚拟环境之间的互动性。无论是通过自然语言处理来理解和回应用户的对话,还是通过图像识别来捕捉用户的表情和动作,AIGC 都能够提供即时的反馈,让用户感觉自己是在一个充满智能和即时反馈的互动世界中。这种实时的互动不仅让用户体验更加流畅,也使得元宇宙的环境显得更加生动和有趣。

此外,AIGC 还能够动态地调整生成的内容,以适应用户的变化需求。这意味着,随着用户在元宇宙中的探索深入,他们将会体验到一个不断演变的世界,这个世界能够根据用户的行为和选择来呈现不同的内容和场景。这种个性化的体验增强了用户的沉浸感,让他们感觉自己是在与一个真实的世界互动,而不仅仅是一个静态的虚拟空间。

AIGC 在互动性和适应性方面的优势,为元宇宙的发展提供了强大的技术支持。它不仅能够实现与用户的实时互动,还能够根据用户的行为动态调整内容,从而打造出一个更加生动、真实且充满沉浸感的虚拟环境。随着技术的不断进步,我们有理由相信,未来 AIGC 将在元宇宙中扮演越来越重要的角色。

四、AIGC 产业的变革趋势

AIGC 在消费互联网、产业互联网和社会价值领域将持续产生变革性影响。其中在消费互联网领域,AIGC 正牵引数字内容领域的全新变革,并且有以下几个值得关注的趋势。

(一)AIGC 有望成为智能时代数字内容生产的基础设施,塑造数字内容生产与交互新范式,持续推进数字文化产业创新

AIGC 凭借其巨大的应用潜力,被业界视为数字时代重要的基础设施。它不仅能够改变人们创作和分享数字内容的方式,还有可能重新定义数字内容的生产流程和用户之间的交互模式。随着 AIGC 技术的不断发展和成熟,AIGC 将在数字文化产业中扮演革命性的角色,推动这一领域的持续变革和进步。

1.持续助力内容领域的降本增效

AIGC 的核心在于利用人工智能的强大能力,自动化地生成各种形式的数字内容,包括文本、图像、音频和视频等。这种技术的应用,不仅能够大幅提高内容生产的效率,还能在一定程度上解放创意工作者的生产力,使他们能够专注于更加创新和高价值的工作。

2.构建并创生全新的内容生态系统

随着 AIGC 技术的发展,我们可能会见证一个全新的数字内容生态系统的诞生。在这个生态系统中,内容的生成、分发和消费将变得更加智能化和个性化。用户能够与内容进行更深层次的交互,享受更加丰富和定制化的体验。同时,内容创作者和分发者也能够利用 AIGC 技术,更好地理解用户需求,提供更加精准和有吸引力的内容。

3.助力文化产业实现新增长

AIGC 技术的进步还有望促进数字文化产业的发展,通过创新的

商业模式和技术应用,为文化产业带来新的增长点。这不仅能够推动相关行业的经济效益,还能够丰富我们的文化生活,提升整个社会的文化创造力和竞争力。

AIGC 技术的发展前景令人期待,它不仅有望成为新型的内容生产基础设施,还将塑造数字内容生产与交互的新范式,并持续推进数字文化产业的创新。随着技术的不断进步,AIGC 将在未来的数字经济中发挥越来越重要的作用。

(二)AIGC 的商业化应用将快速成熟,市场规模迅速扩张

随着 AIGC 应用的不断落地,其商业化发展也将迎来成熟期。AIGC 在不同行业中的应用将更加广泛和深入,从个性化内容创作到自动化新闻报道,从虚拟助手到智能教育和娱乐,AIGC 的潜力正在被逐步挖掘,其应用范围和影响力也将迅速增长。

AIGC 的市场规模将迅速壮大。企业和消费者对于高效、定制化和智能化服务的需求不断增长,这为 AIGC 技术的商业化提供了广阔的市场空间。在不久的将来,AIGC 将成为推动经济增长的重要力量,其市场规模将达到新的高度,为全球经济贡献巨大的价值。据艾瑞咨询发布的《2023 年中国 AIGC 产业全景报告》,预测 2023 年中国 AIGC 产业规模约为 143 亿元,随后进入大模型生态培育期,以孕育成熟技术与产品形态的对外输出。2028 年,中国 AIGC 产业规模预计将达到 7202 亿元,中国 AIGC 产业生态日益稳固,完成重点领域、关键场景的技术价值兑现,逐步建立完善模型即服务产业生态,2030 年中国 AIGC 产业规模有望突破万亿元,达到 11441 亿元。

企业将通过采用 AIGC 技术来优化运营效率,提高产品和服务的质量,同时也能够实现成本的大幅度降低。消费者将享受到更加个性化、智能化的消费体验,这不仅将改变他们的生活方式,也将推动整个社会的创新和发展。总之,AIGC 的商业化应用正处于一个关键的转折点,随着技术的不断进步和市场的逐渐成熟,AIGC 将在未来的经

济发展中扮演越来越重要的角色,其市场规模的扩张将是必然趋势。

(三)AIGC 将作为生产力工具,不断推动聊天机器人、数字人、元宇宙等数智领域的高速发展

AIGC 正迅速成为当今社会生产力的一个重要工具,它的影响力和应用范围正在不断扩展。

在聊天机器人领域,AIGC 技术的应用将使机器人能够以更加智能和人性化的方式与用户交流。通过学习和模拟人类的语言、情感、情绪等,聊天机器人能够提供更加自然的对话体验,从而在客户服务、教育辅导、健康咨询等多个行业中发挥重要作用。

数字人的发展同样离不开 AIGC 技术的支持。AIGC 不仅能够帮助其创造逼真的外观、自然的行为,还能够赋予这些数字人以个性化的特征和情感,使其在与人类的互动中具有更加丰富的能力。

至于元宇宙,这一概念描述了一个由无数个虚拟世界构成的广阔网络空间,AIGC 在其中扮演着至关重要的角色。它不仅能够加速元宇宙世界的构建,提供丰富多样的内容和体验,还能够通过智能化的工具和服务,增强用户的沉浸感和互动性,推动元宇宙成为一个充满活力和创新的数字生态系统。

AIGC 作为一种先进的生产力工具,将在聊天机器人、数字人、元宇宙等领域展现出其巨大的潜力和价值,不断推动这些领域的技术进步和市场扩展,为人类社会带来更加丰富多彩的数字化体验。

(四)AIGC 将开启人机互动新模式

AIGC 的广泛应用正开启着一种全新的人机互动模式。这种模式不仅仅是传统意义上的用户主导、机器执行的单一流程,而是一种更为深入、更具互动性的人机交流方式。通过 AIGC 技术,机器能够越来越精准、全面地理解用户的意图,并在此基础上生成符合用户需求的内容,从而实现与用户的高效沟通。

在 AIGC 建构并开启的全新人机互动模式中，用户可以与 AI 系统进行自然语言的对话，AI 系统不仅能够回答问题，还能够根据对话的上下文主动提供信息，甚至在一定程度上模拟人类的创造力，创作出诗歌、故事、音乐等多样化的内容。这种人机互动的新模式，极大地丰富了用户体验，使得人工智能不再是冰冷的机器，而是成为能够理解人类情感、创造文化价值的伙伴。

AIGC 技术的引入，也为各行各业带来了革命性的变化。在教育领域，AIGC 可以根据学生的学习进度和兴趣点，定制个性化的学习内容；在娱乐领域，AIGC 可以创作出新颖的音乐和影视作品，为人们带来前所未有的艺术享受；在医疗健康领域，AIGC 可以通过分析大量的数据，为患者提供精准的健康建议和治疗方案。

总之，AIGC 技术的应用，正在推动人机互动进入一个新的时代，这个时代的特点是更加智能化、个性化和有创造性。随着技术的不断进步，未来的人机互动将会更加紧密，机器将更好地服务于人类，成为人类生活中不可或缺的一部分。这也与 2023 年世界互联网大会乌镇峰会的主题"建设包容、普惠、有韧性的数字世界——携手构建网络空间命运共同体"倡导的价值与方向相契合。乌镇峰会期间，阅文集团 CEO 侯晓楠指出，AIGC 不是一个独立产业，而是一个技术底座，会带来一个非常繁荣的应用生态。

但也应当看到，任何技术都是一把双刃剑，AIGC 在引领 AI 技术新趋势和相关产业发展的同时，也带来了一定的风险与挑战，诸如知识产权保护、安全、技术伦理、环境影响等。这就需要整个人类社会秉持科技向善理念，负责任地、安全可控地发展应用 AIGC，打造安全可信的 AIGC 技术和应用，唯此才能推动 AIGC 技术及相关产业实现高质量、健康可持续的发展。